死因链编写实例应用

主 编 蔡 波 徐 红

东南大学出版社
SOUTHEAST UNIVERSITY PRESS
·南京·

图书在版编目(CIP)数据

死因链编写实例应用 / 蔡波，徐红主编． — 南京：
东南大学出版社，2021.6（2025.6 重印）
ISBN 978-7-5641-9520-5

Ⅰ．①死… Ⅱ．①蔡… ②徐… Ⅲ．①死因分析—中
国 Ⅳ．①D919.4

中国版本图书馆 CIP 数据核字(2021)第 088783 号

死因链编写实例应用

主　　编	蔡　波　徐　红
出版发行	东南大学出版社
出 版 人	江建中
社　　址	南京市四牌楼 2 号（邮编：210096）
印　　刷	广东虎彩云印刷有限公司
开　　本	700mm×1000mm　1/16
印　　张	9.75
字　　数	156 千字
版 印 次	2021 年 6 月第 1 版　2025 年 6 月第 11 次印刷
书　　号	ISBN 978-7-5641-9520-5
定　　价	58.00 元
经　　销	全国各地新华书店
发行热线	025-83790519　83791830

（本社图书若有印装质量问题，请直接与营销部联系，电话：025-83791830）

《死因链编写实例应用》编委会

主　审

周金意　曹　忠

主　编

蔡　波　徐　红

副主编

糜跃萍

编写人员

（以姓氏笔画为序）

丁璐璐　王书兰　郑会燕　杨锡标　林　玲
周晓云　俞　浩　赵春燕　徐　红　倪倬健
童海燕　韩颖颖　蔡　波　潘少聪　糜跃萍

PREFACE 前言

居民死亡登记所签发的《死亡证》是人口和户籍管理的法律文书,由此收集整理的人群死亡资料是研究人口死亡水平、死亡原因和变化规律的重要依据,国际上都用死因资料来反映一个地区的居民健康水平和卫生状况。

从医学上说,每例死亡都可能经历了一系列疾病或者意外损伤中毒,国家《人口死亡信息登记管理规范》要求责任医生将掌握的情况,按照合理的顺序(直接死因、间接死因、根本死因),也就是死因链写入《死亡证》,如慢性支气管炎→肺气肿→肺心病→死亡,并采用国际疾病分类(简称ICD)方法进行死亡原因统计。由于根本死因判断和死因顺序规则的复杂性,对临床医生和卫生统计人员而言,死因链的编写一直是个难题,导致实际工作中《死亡证》死因链填写的完整率、准确率常常较低,影响了死因监测的数据质量。

为了帮助责任医生编写死因链,提高死因监测关键技术。我们编写了《死因链编写实例应用》,本书摆脱死因链复杂难懂的编写规则的束缚,用实践工作中收集的死亡病例,指导临床医生和卫生统计人员正确编写根本死因和死因顺序,用准确的分析帮助责任医生理解和把握死因链编写的相关专业规则。全书列举了235种实例,按死因分十类,涵盖了在医疗机构和居家发生的多数病伤死亡情况。每个实例均选自实际报告的病例,在简明扼要的病史摘要基础上形成合理、准确的死因链和编码。用精准、易懂的编写分析说明死因链编写规则,并指出注意点和常见的编写错误。

本书能方便快速查询到各类常见死因的死因链,是《死亡证》签发医生必备的检索和查询手册。同时,本书中的实例分析帮助责任医生理解和学习死因链的各种选择原则和修饰规则,又是死因链编写的学习和指导用书。

本书中的实例均来自南通市各县市区疾控中心专业人员日常工作中收集的海量资料,据此进行了认真遴选,整理编撰成书,并得到江苏省疾控中心相关专家的指导和审阅,提出了宝贵的修改建议,在此一并表示感谢。

由于时间仓促,水平有限,本书尚存在诸多不足之处甚至错误,敬请同行和广大读者批评指正,以便我们及时修订,不断完善。

CONTENT 目录

第一章 恶性肿瘤死因链与编码 /1
　　第一节　常见死因链实例与分析 /1
　　第二节　常用死因编码 /14

第二章 循环系统疾病死因链与编码 /17
　　第一节　常见死因链实例与分析 /17
　　第二节　常用死因编码 /32

第三章 损伤和中毒死因链与编码 /34
　　第一节　常见死因链实例与分析 /34
　　第二节　常用死因编码 /54

第四章 传染病和寄生虫病死因链与编码 /57
　　第一节　常见死因链实例与分析 /57
　　第二节　常用死因编码 /66

第五章 精神疾患和神经系统疾病死因链与编码 /68
　　第一节　常见死因链实例与分析 /68
　　第二节　常用死因编码 /76

第六章 呼吸系统疾病死因链与编码 /77
　　第一节　常见死因链实例与分析 /77
　　第二节　常用死因编码 /83

第七章　消化系统疾病死因链与编码　/85
　　第一节　常见死因链实例与分析　/85
　　第二节　常用死因编码　/92

第八章　内分泌、泌尿系统疾病死因链与编码　/95
　　第一节　常见死因链实例与分析　/95
　　第二节　常用死因编码　/104

第九章　皮肤、肌肉、骨骼系统疾病死因链与编码　/107
　　第一节　常见死因链实例与分析　/107
　　第二节　常用死因编码　/111

第十章　围产围生期疾病死因链与编码　/113
　　第一节　常见死因链实例与分析　/113
　　第二节　常用死因编码　/121

附　录
　　附录一　《死亡医学证明（推断）书》样式及填写说明　/125
　　附录二　死因编码常见错误　/133
　　附录三　《死亡证》使用和保管　/147

第一章　恶性肿瘤死因链与编码

本章注意点：恶性肿瘤应明确报告原发部位，如果是继发性的恶性肿瘤致死，则必须明确写出"继发性"，并尽可能报告原发部位，"继发性"肿瘤不能作为根本死因。当有一个以上的原发部位时，应同时报告。肿瘤的诊断依据应如实报告，如果有关于肿瘤形态学的诊断，也应一并报告。疑似或不确定的肿瘤不需要报告。

第一节　常见死因链实例与分析

1 病史摘要

患者 2 年前吞咽食物时有哽噎感、胸骨后烧灼样、针刺样疼痛等不适感觉，肿瘤医院 X 线双重造影显示食管黏膜皱襞紊乱、局限性管壁僵硬，蠕动中断，诊断为食管癌。患者半年前出现进行性咽下困难、声音嘶哑、发热、咳嗽、痰中带血、胸闷、呼吸困难，支气管镜检查发现癌细胞，诊断食管癌肺部转移。患者因呼吸衰竭死亡。

死因链

疾病名称	发病死亡间隔	ICD 编码
Ⅰ．(a) 继发性肺癌	6 月	C78.0
(b) 食管癌	2 年	C15.9
根本死因：食管癌		C15.9

编写分析

当提及的一个肿瘤已经发生转移时，根据转移性肿瘤的编码规则，根本死因应编码到原发部位。因此本例食管癌是原发癌，为根本死因，而肺部是常见转移部位，认为是食管癌引起的转移。

2 病史摘要

患者患高血压、糖尿病多年，7 个月前出现食欲减退、乏力、消瘦、上消化道出血等症状,在医院行胃镜和上消化道钡餐等检查,诊断为胃癌。患者2天前出现恶心呕吐、血压升高、全身浮肿、尿量减少、呼吸困难,医院诊断尿毒症,于今晨死亡。

死因链

疾病名称	发病死亡间隔	ICD编码
Ⅰ.(a)尿毒症	2天	N19
(b)胃癌	7月	C16.9
Ⅱ.高血压、糖尿病		
根本死因:胃癌		C16.9

编写分析

本例适用根本死因判断规则总原则,选择胃癌(第Ⅰ部分最低一行情况)为根本死因。同时,死因注释中明确,一种恶性肿瘤不应接受为"由于"任何其他疾病所引起,除外艾滋病,因此,本例其他疾病放在第Ⅱ部分。

3 病史摘要

患者2年前因上腹痛、乏力至医院检查,经CT、B超、胃镜检查诊断为肝癌、胃癌,治疗无效死亡。

死因链

疾病名称	发病死亡间隔	ICD编码
Ⅰ.(a)胃癌	2年	C16.9
(b)肝癌	2年	C22.9
根本死因:胃癌		C16.9

编写分析

本例中同时报告两种癌症病史未交代原发或继发,根据恶性肿瘤的编码规则,肝是常见转移部位,如果在常见转移部位上的一个部位(不包括肺),与证明书的另一个部位同时被提及,则编码到其他部位,所以判定根本死因为胃癌。本例易误将根本死因判为独立(原发)多个部位原发肿瘤。

4 病史摘要

患者2年前出现不明原因乏力、贫血、体重减轻、排便习惯改变和持续腹部隐痛,粪便隐血试验阳性,镜检发现癌细胞,诊断为结肠癌。患者3个月前上腹部扪及肿大的肝脏,出现黄疸和腹水,CT检查,诊断为肝癌。患者1天前因失血性休克死亡。

死因链

疾病名称	发病死亡间隔	ICD 编码
Ⅰ.（a）失血性休克	1 天	R57.1
（b）继发性肝癌	3 月	C78.7
（c）结肠癌	2 年	C18.9
根本死因：结肠癌		C18.9

编写分析

本例中，两种癌症发病先后顺序明确，且肝是常见转移部位，根据总原则，选择结肠癌（第Ⅰ部分最低一行情况）为根本死因。

5 病史摘要

患者既往患慢性乙肝20年，10年前因上腹部不适至医院就诊，经B超诊断为"肝硬化"，3年前因肝区疼痛和黄疸至医院经病理诊断为"肝细胞癌"，行介入治疗，近期病情加重，抢救无效去世。患者无其他慢病史。

死因链

疾病名称	发病死亡间隔	ICD 编码
Ⅰ.（a）肝细胞癌	3 年	C22.0
Ⅱ.肝硬化	10 年	K74.1
慢性乙型病毒性肝炎	20 年	B18.1
根本死因：肝细胞癌		C22.0

编写分析

本例中，患者由于慢性乙肝引起肝硬化，又引起肝癌，但根据编码规则，一种恶性肿瘤不接受"由于"任何其他疾病引起，除外艾滋病，所以书写死因链时，乙肝、肝硬化应写在第Ⅱ部分。根本死因根据总原则确定。

6 病史摘要

患者1年前因食欲缺乏、腹胀至医院就诊，CT检查示肝癌，经药物保守治疗后，一直在家卧床，3个月前转移至骨、肾，近日病情恶化，抢救无效，在医院去世。患者有冠心病史和结核史。

死因链

疾病名称	发病死亡间隔	ICD 编码
Ⅰ.（a）癌症全身广泛转移（骨、肾）	3 月	C79.8
（b）肝癌	1 年	C22.9
Ⅱ.冠心病、结核		
根本死因：肝癌		C22.9

编写分析

本例中,明确肝癌转移至骨、肾,根据肿瘤的编码规则,当提及的一个肿瘤已经发生转移,根本死因编码到原发部位。

7 病史摘要

患者于5个月前因右上腹不适、食欲缺乏和消瘦,在医院经CT诊断为肝癌,后经对症治疗未见明显好转,2天前并发上消化道出血,抢救无效去世。患者有糖尿病史2年。

死因链

疾病名称	发病死亡间隔	ICD编码
Ⅰ.(a)上消化道出血	2天	K92.2
(b)肝癌	5月	C22.9
Ⅱ.糖尿病		E14.9
根本死因:肝癌		C22.9

编写分析

本例适用根本死因判断规则总原则,选择肝癌(第Ⅰ部分最低一行情况)为根本死因。

8 病史摘要

患者于2年前因腹痛、食欲缺乏至医院就诊,经CT和病理诊断为胰头癌,后经放化疗治疗,1年前出现黄疸,再次入院发现胆管梗阻,后经对症治疗,于1天前突发消化道出血,引起失血性休克,死亡。无其他慢病史。

死因链

疾病名称	发病死亡间隔	ICD编码
Ⅰ.(a)失血性休克	1天	R57.1
(b)消化道出血	1天	K92.2
(c)胆管梗阻	1年	K82.0
(d)胰头癌	2年	C25.0
根本死因:胰头癌		C25.0

编写分析

本例适用根本死因判断规则总原则,选择胰头癌(第Ⅰ部分最低一行情况)为根本死因。

9 病史摘要

患者于5个月前出现上腹痛和食欲缺乏,至三级医院经生化、B超和CT检查,

第一章　恶性肿瘤死因链与编码

确诊为胰腺癌,于昨日因多器官衰竭死于家中。患者无其他慢病史。

死因链

疾病名称	发病死亡间隔	ICD 编码
Ⅰ.（a）多脏器衰竭		R99
（b）胰腺癌	5月	C25.9
根本死因:胰腺癌		C25.9

编写分析

本例适用根本死因判断规则总原则,选择胰腺癌(第Ⅰ部分最低一行情况)为根本死因。

⑩ 病史摘要

患者于2个月前因上腹疼痛、不能进食至医院就诊,病理诊断为胃癌、胆囊癌,且病理分型均为腺癌,后因全身衰竭死于医院。患者既往无慢性病史。

死因链

疾病名称	发病死亡间隔	ICD 编码
Ⅰ.（a）胃癌	2月	C16.9
（b）胆囊癌	2月	C23
根本死因:消化系统部位不明确的恶性肿瘤		C26.9

编写分析

本例中提及的两种肿瘤均属于消化系统,且病理分型相同,根据规则,如果证明书提及了两个部位且都在同一个器官系统中,并具有相同的形态学类型,编码到该器官系统的 .9 亚目中,所以将根本死因编码到消化系统部位不明确的恶性肿瘤。

⑪ 病史摘要

患者于3年前因咳嗽、胸痛至医院就诊,经X线和CT诊断为肺下叶恶性肿瘤,行手术治疗和化疗。患者2年前又被诊断为肝癌,近日因病情恶化死于医院。患者既往无慢性病史。

死因链

疾病名称	发病死亡间隔	ICD 编码
Ⅰ.（a）肝癌	2年	C22.9
（b）肺下叶恶性肿瘤	3年	C34.3
根本死因:肺下叶恶性肿瘤		C34.3

编写分析

根据肿瘤编码规则,如果提及的两个部位均为常见转移部位,编码到涉及形态学类型的未知原发部位上,如果提及了肺,则将根本死因编码到肺恶性肿瘤,本例中默认肝癌是转移性的。本例易误判为独立(原发)多个部位原发肿瘤。

12 病史摘要

患者3年前因咳嗽伴痰中带血至三级医院就诊,经CT检查诊断为肺癌,后予手术治疗及化疗。患者1年前病情恶化,转移至肝脏。患者既往无其他慢病史。

死因链

疾病名称	发病死亡间隔	ICD编码
Ⅰ.(a)继发性肝癌	1年	C78.7
(b)肺癌	3年	C34.9
根本死因:肺癌		C34.9

编写分析

本例中,首发部位肺是个特殊的器官,它既是转移性恶性肿瘤又是原发性恶性肿瘤的常见部位。当它和常见转移部位同时出现时,应当将肺判定为原发性肿瘤。

13 病史摘要

患者6个月前因咳嗽胸痛去某三级医院就诊,CT示左肺肺癌。患者3周前行左肺切除术,4天前发生肺梗死。患者既往无其他慢病史。

死因链

疾病名称	发病死亡间隔	ICD编码
Ⅰ.(a)肺梗死	4天	I26.9
(b)左肺切除	20天	C34.9
(c)肺癌	6月	C34.9
根本死因:肺癌		C34.9

编写分析

根据编码规则,因证明书上记载了施行手术的适应情况,则将根本死因编码到该手术施行的适应情况——肺癌。

14 病史摘要

患者2年前因乳房胀痛在三级医院经B超和病理检查诊断为乳腺癌,后采取手术及放化疗治疗。患者1个月前因为腹痛又被诊断为腹膜癌,终因全身衰竭死亡。患者既往无其他慢病史。

死因链

疾病名称	发病死亡间隔	ICD 编码
Ⅰ．(a) 腹膜癌	1月	C49.2
(b) 乳腺癌	2年	C50.9
根本死因：乳腺癌		C50.9

编写分析

本例中，尽管未提及腹膜癌为继发肿瘤，但根据编码规则，腹膜为常见转移部位，默认为乳腺转移至腹膜，故将根本死因编码至原发部位——乳腺。本例易误判为独立（原发）多个部位原发肿瘤。

15 病史摘要

患者 20 年前因肠梗阻在医院手术治疗，5 年前因不规则阴道出血在医院经 CT、B 超和病理检查诊断为卵巢中低分化浆乳癌，后予手术及化疗。患者 1 年前出现胸膜转移和腹腔积液，5 天前因发热、咳嗽经胸片诊断为肺部感染，后经治疗无效死亡。患者既往无其他慢性病史。

死因链

疾病名称	发病死亡间隔	ICD 编码
Ⅰ．(a) 肺部感染	5天	J98.4
(b) 腹腔积液	1年	R18
(c) 胸膜转移	1年	C78.7
(d) 卵巢中低分化浆乳癌	5年	C56
Ⅱ．肠梗阻		K56.6
根本死因：卵巢中低分化浆乳癌		C56

编写分析

此病例由于卵巢癌引起转移以及一系列并发症，肠梗阻可作为非致死疾病放在第Ⅱ部分。根据总原则，选择卵巢癌（第Ⅰ部分最低一行情况）为根本死因。

16 病史摘要

患者 5 年前因阴道不规则出血至医院就诊，经病理诊断为阴道癌和宫颈癌，予手术治疗，1 年前病情恶化。患者既往无其他慢性病史。

死因链

疾病名称	发病死亡间隔	ICD编码
Ⅰ．(a) 阴道癌	5年	C52
(b) 宫颈癌	5年	C53.9
根本死因：女性生殖系统交搭跨越的恶性肿瘤		C57.8

编写分析

本例中提及的两个癌症均属女性生殖系统，根据肿瘤编码注释，如果在同一个身体系统中提及可分类到不同三位数下的邻近部位，则编码到这个一般身体系统的.8亚目中，故将根本死因编码到女性生殖系统交搭跨越的恶性肿瘤。

17 病史摘要

患者20年前即患高血压，一直规律服药，平时血压控制稳定。患者6年前因发热、排尿困难在三级医院诊断为前列腺癌，后手术治疗。患者2年前患慢性肾盂肾炎。患者6个月前因头昏、意识障碍在医院经CT诊断为脑干出血，经抢救无效死亡。

死因链

疾病名称	发病死亡间隔	ICD编码
Ⅰ．(a) 脑干的脑内出血	6月	I61.3
(b) 慢性肾盂肾炎	2年	N11.9
(c) 前列腺癌	6年	C61
Ⅱ．高血压		I10
根本死因：前列腺癌		C61

编写分析

本例中，患者平时血压控制良好，故不考虑由高血压引起脑干出血，可以认为是由前列腺癌引起的终末期循环系统疾病，故将根本死因编码到前列腺癌。如果病史中未提及平时血压控制情况，根本死因应根据医生书写顺序判断。

18 病史摘要

患者1年前因发热、全身淋巴结肿大在三级医院经CT、血常规和骨髓检查诊断为恶性淋巴瘤，一直对症治疗及化疗。患者4个月前因发热、全身消瘦在医院诊断为恶病质，经抢救无效死亡。患者既往有高血压病史。

第一章　恶性肿瘤死因链与编码

死因链

疾病名称	发病死亡间隔	ICD 编码
Ⅰ. (a) 恶病质	4 月	C80
(b) 恶性淋巴瘤	1 年	C85.9
Ⅱ. 高血压		I10
根本死因：恶性淋巴瘤		C85.9

编写分析

本例适用根本死因判断规则总原则，选择恶性淋巴瘤（第Ⅰ部分最低一行情况）为根本死因。

19 病史摘要

患者 5 年前因发热、无痛性淋巴结肿大在医院经 CT 和血液检查诊断为非霍奇金淋巴瘤，后一直化疗及对症治疗。患者 2 年前因发热，经血液检查诊断为急性淋巴细胞性白血病，后经治疗无效去世。患者既往无慢性病史。

死因链

疾病名称	发病死亡间隔	ICD 编码
Ⅰ. (a) 急性淋巴细胞性白血病	2 年	C91.0
(b) 非霍奇金淋巴瘤	5 年	C85.9
根本死因：非霍奇金淋巴瘤		C85.9

编写分析

本例为两个血液系统疾病，根据多个部位编码规则，如果有两个或多个发生在淋巴、造血或有关组织中的恶性肿瘤的形态学类型（C81-C96），按照证明书上给出的顺序编码，故将根本死因编码到淋巴瘤。

20 病史摘要

患者 10 年前有间歇性发热、局部淋巴结肿大，在医院经骨髓穿刺诊断为慢性淋巴细胞白血病，遵医嘱在医院定期化疗。患者 10 天前腰部疼痛，有浅表水疱，诊断为带状疱疹，对症治疗，于今晨去世。

死因链

疾病名称	发病死亡间隔	ICD 编码
Ⅰ. (a) 带状疱疹	10 天	B02.9
(b) 慢性淋巴细胞白血病	10 年	C91.1
根本死因：慢性淋巴细胞白血病		C91.1

编写分析

由于化疗对免疫系统的影响,有些肿瘤患者变得易于罹患及死于传染病,根据总原则,将根本死因编码到原发肿瘤——慢性淋巴细胞白血病。

21 病史摘要

患者6年前察觉到身上有出血点,并不时感到乏力,在医院确诊为慢性淋巴细胞白血病,治疗后好转。患者近几月又急性发作,经治疗无效去世。

死因链

疾病名称	发病死亡间隔	ICD编码
Ⅰ.(a)急性淋巴细胞白血病		C91.0
(b)慢性淋巴细胞白血病	6年	C91.1
根本死因:慢性淋巴细胞白血病		C91.1

编写分析

本例中患者病史明确,根据肿瘤编码注释,慢性白血病的急性加重或急性发作应编码到慢性形式,将根本死因编码到慢性淋巴细胞白血病。

22 病史摘要

患者15年前因头昏、鼻出血、乏力在医院经血液检查诊断为原发性血小板增多症,后采用骨髓抑制药治疗,好转。患者3年前因贫血、发热,经血常规和骨髓检查诊断为急性髓样白血病,后一直对症治疗。患者2个月前因发热、咳嗽,经胸片、血常规诊断为肺炎,后经治疗无效去世。患者既往无慢性病史。

死因链

疾病名称	发病死亡间隔	ICD编码
Ⅰ.(a)肺炎	2月	J18.9
(b)急性髓样白血病	3年	C92.0
Ⅱ.原发性血小板增多症	15年	D75.2
根本死因:急性髓样白血病		C92.0

编写分析

根据病史分析,由急性髓样白血病引起并发症死亡,根据总原则,将根本死因编码到急性髓样白血病。本例易误把原发性血小板增多症写在第Ⅰ部分的(c)行。

23 病史摘要

患者3年前因发热和牙龈出血至三级医院就诊,经血常规和骨髓检查诊断为急性粒细胞性白血病,1年后并发脑出血后致偏瘫,近日因病情加重死于家中。患者既往无慢性病史。

死因链

疾病名称	发病死亡间隔	ICD 编码
Ⅰ.（a）偏瘫	1 年	G81.9
（b）脑出血	1 年	I61.9
（c）急性粒细胞性白血病	3 年	C92.5
根本死因：急性粒细胞性白血病		C92.5

编写分析

本例适用根本死因判断规则总原则，选择白血病（第Ⅰ部分最低一行情况）为根本死因。

24 病史摘要

患者 2 年前因突发高热、鼻出血和淋巴结肿大至医院就诊，经骨髓检查结合临床诊断为白血病，6 个月前因免疫力低下并发败血症死于医院。患者既往无慢性病史。

死因链

疾病名称	发病死亡间隔	ICD 编码
Ⅰ.（a）败血症	6 月	A41.9
（b）白血病	2 年	C95.9
根本死因：白血病		C95.9

编写分析

本例适用根本死因判断规则总原则，选择白血病（第Ⅰ部分最低一行情况）为根本死因。

25 病史摘要

患者 2 年前因发热和出血在三级医院经骨髓检查结合临床诊断为白血病，经治疗无效死亡。患者既往有乳腺癌病史，治疗后为临床痊愈，无其他慢病史。

死因链

疾病名称	发病死亡间隔	ICD 编码
Ⅰ.（a）白血病	2 年	C95.9
Ⅱ.乳腺癌		C50.9
根本死因：白血病		C95.9

编写分析

本例中提及了两种肿瘤,但病史中明确乳腺癌痊愈,不作为直接导致死亡原因,所以将其写在第Ⅱ部分。当判定多个部位肿瘤的根本死因时,只考虑在证明书第Ⅰ部分的部位,故判定根本死因为白血病。

26 病史摘要

患者 8 年前因乳腺肿块至医院就诊,经 B 超结合组织活检诊断为乳腺癌。患者 5 年前因胃部不适经胃镜活检诊断为胃癌,经治疗无效死亡。患者既往无慢性病史。

死因链

疾病名称	发病死亡间隔	ICD 编码
Ⅰ．(a) 胃癌	5 年	C16.9
(b) 乳腺癌	8 年	C50.9
根本死因:独立(原发)多个部位的恶性肿瘤		C97

编写分析

本例中,证明书上提及了两个不同解剖部位的癌症,而且由乳腺癌引起胃癌是不可能的,故将根本死因编码到独立(原发)多个部位的恶性肿瘤。

27 病史摘要

患者 2 年前因小便带血并伴有疼痛至医院就诊,经病理诊断为膀胱癌。患者 1 年前因吞咽疼痛不适至医院就诊,经病理诊断为食管癌,予以积极治疗,近期因病情加重,抢救无效去世。

死因链

疾病名称	发病死亡间隔	ICD 编码
Ⅰ．(a) 食管癌	1 年	C15.9
(b) 膀胱癌	2 年	C67.9
根本死因:独立(原发)多个部位的恶性肿瘤		C97

编码分析

本例中,证明书上记载了多于一个部位的肿瘤,未提及转移,且膀胱、食管都不是常见转移部位,故将根本死因编码到独立(原发)多个部位的恶性肿瘤。

28 病史摘要

患者患子宫黏膜下平滑肌瘤 8 年,20 天前在三级医院行子宫肌瘤切除术,术后 1 周并发腹膜炎,积极治疗后感染仍未能控制,病情加重致死。患者既往无其他慢病史。

第一章　恶性肿瘤死因链与编码

死因链

疾病名称	发病死亡间隔	ICD 编码
Ⅰ.（a）腹膜感染	13 天	K65.9
（b）子宫肌瘤切除术	20 天	D25.0
（c）子宫黏膜下平滑肌瘤	8 年	D25.0
根本死因：子宫黏膜下平滑肌瘤		D25.0

编写分析

本例适用根本死因判断规则总原则，在证明书上提及了手术适应的原发疾病，将根本死因编码到该手术名称所指明的器官或部位。

㉙ 病史摘要

患者 3 年前在三级医院经 B 超、CT 及血液检查诊断为肾上腺腺瘤、醛固酮增多症，引起继发性高血压，后经对症治疗，病情控制不详。患者 10 天前因脑出血突发意识障碍，误吸呕吐物后窒息，经医院积极抢救后无效死亡。患者既往无其他慢病史。

死因链

疾病名称	发病死亡间隔	ICD 编码
Ⅰ.（a）吸入呕吐物窒息		T17.9
（b）脑出血	10 天	I61.9
（c）继发性高血压	3 年	I15.1
（d）醛固酮增多症	3 年	E26.9
（e）肾上腺腺瘤	3 年	D35.0
根本死因：肾上腺腺瘤		D35.0

编码分析

本例适用根本死因判断规则总原则，选择肾上腺腺瘤（第Ⅰ部分最低一行情况）为根本死因。误吸是由"影响吞咽能力的疾病所引起"，所以根本死因编码到这个疾病。

㉚ 病史摘要

患者 15 年前因体检发现脾肿大就诊三级医院，结合 B 超诊断脾大，一直定期随访。患者 12 年前因头晕、乏力在三级医院就诊，经血液检查和骨髓涂片病理检查诊断造血不良性贫血，一直维持治疗后无效死亡。患者既往无其他慢病史。

死因链编写实例应用

死因链

疾病名称	发病死亡间隔	ICD 编码
Ⅰ.(a) 贫血	12 年	D64.9
(b) 脾大	15 年	R16.1
根本死因:造血不良性贫血(脾大性贫血)		D64.8

编写分析

根据修饰规则 A,当选择的原因是不明原因(R 编码),而在证明书上报告了另一种可以归类在他处的情况时,则重新选择死因。本例不按照总原则选择脾大,而选择贫血作为根本死因,但脾大可以修饰贫血。

31 病史摘要

患者 3 个月前经常头晕,身上有较多出血点,在三级医院通过血液检查,诊断为血小板减少综合征,住院治疗,效果不佳,1 天前出现昏迷,后死亡。

死因链

疾病名称	发病死亡间隔	ICD 编码
Ⅰ.(a) 昏迷	1 天	R40.2
(b) 血小板减少综合征	3 月	D69.6
根本死因:血小板减少综合征		D69.6

编码分析

本例适用根本死因判断规则总原则,选择血小板减少综合征(第Ⅰ部分最低一行情况)为根本死因。

第二节 常用死因编码

注意点:肿瘤编码第四位一般指该肿瘤具体解剖部位,如胃癌分胃底、胃体等,子宫分子宫体、宫颈等。解剖部位诊断明确的,尽量报告,若无详细部位,第四位编码为9。编码过程中常用的编码如下:

恶性肿瘤	C00-C97
鼻咽癌	C11.—
食管癌	C15.—

胃癌	C16.—
贲门	C16.0
胃底	C16.1
胃体	C16.2
胃窦	C16.3
幽门	C16.4
结肠、直肠和肛门癌	C18—C21
结肠癌	C18.—
直肠癌	C20
肝和肝内胆管癌	C22.—
肝细胞癌	C22.0
肝内胆管癌	C22.1
未特指肝癌	C22.9
胰腺癌	C25.—
胰头癌	C25.0
胰体癌	C25.1
未特指胰腺癌	C25.9
喉癌	C32.—
支气管和肺癌	C34.—
主支气管	C34.0
上叶	C34.1
中叶	C34.2
下叶	C34.3
交搭跨越	C34.8
未特指肺癌	C34.9
骨和关节软骨癌	C40—C41
四肢骨和关节软骨癌	C40.—
其他和未特指部位的骨和关节软骨癌	C41.—
皮肤癌	C43—C44
皮性黑色素瘤	C43.—
其他皮肤癌	C44.—
乳腺癌	C50.—
未特指乳腺癌	C50.9
子宫癌	C53—C55

宫颈癌	C53.—
未特指宫颈癌	C53.9
宫体癌	C54.—
未特指部位的子宫癌	C55
卵巢癌	C56
前列腺癌	C61
肾癌	C64
肾盂癌	C65
膀胱癌	C67.—
脑癌	C71.—
原发部位不明的恶性肿瘤	C80
淋巴、造血和有关组织的恶性肿瘤	C81—C96
未特指淋巴癌	C85.9
淋巴样白血病	C91.—
髓样白血病	C92.—
单核细胞白血病	C93.—
特指细胞类型其他白血病	C94.—
急性红细胞增多症和红白血病	C94.0
慢性红细胞增多症	C94.1
未特指细胞类型的白血病	C95.—
未特指的白血病	C95.9
独立的多部位的原发性恶性肿瘤	C97

第二章　循环系统疾病死因链与编码

本章注意点：循环系统疾病，又称心脑血管疾病，是一系列涉及循环系统的疾病，包括心脏、血管（动脉、静脉、微血管）。对于心脏病，应详细报告不同性质、不同类型的心脏病及其病因，只要原因明确，可以追溯到几十年前的病因。例如：对于缺血性心脏病，要区分急性心肌梗死、随后性心肌梗死、冠状动脉硬化性心脏病等；对于肺源性心脏病，要区分原发性肺动脉高压心脏病、脊柱后侧凸性心脏病、慢性支气管炎肺气肿心脏病等。

第一节　常见死因链实例与分析

1 病史摘要

患者患有二尖瓣狭窄（非先天性）30余年，15年前出现心慌、气短、双下肢浮肿，在医院诊断为风湿性心脏病，长期服用强心、利尿、扩血管等药物治疗，近来时感胸闷、心悸、气急，夜间不能平卧，尿少，下肢浮肿明显，未就诊。患者4小时前突然晕厥、神志不清、心律不齐，经抢救无效死亡。

死因链

疾病名称	发病死亡间隔	ICD 编码
Ⅰ.（a）心力衰竭	4 小时	I50.9
（b）风湿性心脏病	15 年	I09.9
（c）二尖瓣狭窄	30 年	I05.0
根本死因：风湿性二尖瓣狭窄		I05.0

编写分析

本例适用根本死因判断规则总原则。需注意，二尖瓣狭窄未提及原因时应编码到风湿性二尖瓣狭窄（I05.0），未特指的风湿性心脏病伴有提及 I05-08 时，应当将根本死因编码到 I05-08。

2 病史摘要

患者既往有高血压30余年,20年前因心悸、呼吸困难、发绀、咳嗽、心前区疼痛去医院诊断为心脏病,常年服药治疗,近期症状加重,用药效果不佳,在家中去世。

死因链

疾病名称	发病死亡间隔	ICD 编码
Ⅰ．(a) 心脏病	20 年	I51.9
(b) 高血压	30 年	I10
根本死因:高血压心脏病		I11.9

编写分析

本例中,根据总原则应选择高血压作为根本死因,但应注意,高血压是全身性疾病,易引起心、脑、肾等部位的并发症,根据根本死因编码的注释,一般不作为根本死因,当提及心脏病的,应当将根本死因编码到高血压心脏病(I11.—)。

3 病史摘要

患者有高血压、肺心病等病史,10年前出现全身水肿、尿少,诊断为尿毒症,靠血透维持。患者前天病情加重,昏迷不醒,经治疗无效于家中死亡。

死因链

疾病名称	发病死亡间隔	ICD 编码
Ⅰ．(a) 尿毒症	10 年	N19
(b) 高血压	20 年	I10
Ⅱ．肺心病		I27.9
根本死因:高血压肾脏病伴有肾衰竭		I12.0

编写分析

本例中,根据总原则应选择高血压作为根本死因,但应注意,高血压是全身性疾病,易引起心、脑、肾等部位的并发症。根据根本死因编码的注释,高血压一般不作为根本死因,当伴有提及高血压肾脏病(I12.—)、未特指的肾衰竭(N19)时,应编码到I12.—,本例根据此说明将根本死因编码至I12.0。

4 病史摘要

患者既往有高血压病史30多年,10年前发现血肌酐升高,经医院诊断为高血压肾脏病,行血透治疗,1年前并发尿毒症,近日病情加重,医治无效死亡。

第二章 循环系统疾病死因链与编码

死因链

疾病名称	发病死亡间隔	ICD 编码
Ⅰ．(a) 尿毒症	1 年	N19
(b) 高血压肾脏病	10 年	I12.0
(c) 高血压	30 年	I10
根本死因：高血压肾脏病		I12.0

编写分析

编码原则同例 3。

5 病史摘要

患者有肾萎缩、高血压病史 30 年，5 年前自感胸闷、心悸，在医院查心超示心脏扩大。患者近期病情加重，因年迈衰老，未予治疗，在家中死亡。

死因链

疾病名称	发病死亡间隔	ICD 编码
Ⅰ．(a) 心脏扩张	5 年	I51.7
(b) 高血压	30 年	I10
Ⅱ．肾萎缩	30 年	N26
根本死因：高血压心脏和肾脏病		I13.9

编写分析

本例中，根据总原则应选择高血压作为根本死因，但应注意，高血压是全身性疾病，易引起心、脑、肾等部位的并发症。根据根本死因编码的注释，一般不作为根本死因，而把高血压和其引起的并发症关联后作为根本死因。

6 病史摘要

患者患高血压 30 年，20 年前自感胸闷、心悸并下肢水肿，到医院诊断为冠心病，5 天前在田间干活时，突然心前区压榨性疼痛，疼痛呈放射性持续，伴有大汗淋漓，送乡镇医院抢救，心电图示前壁急性心肌梗死，后转上级医院，诊治无效死亡。患者既往患贫血病史。

死因链

疾病名称	发病死亡间隔	ICD 编码
Ⅰ．(a) 前壁急性心肌梗死	5 天	I21.0
(b) 冠心病	20 年	I25.1
(c) 高血压	30 年	I10
Ⅱ．贫血		D64.9
根本死因：前壁急性心肌梗死		I21.0

编写分析

本例按照总原则应选择高血压作为根本死因,但高血压伴有提及慢性缺血性心脏病(I20—I25)时应编码至I20—I25,根本死因编码为I25.1,同时,慢性缺血性心脏病(I25.—)伴有提及急性心肌梗死(I21.—)时,根本死因应编码到I21.—。

7 病史摘要

患者有高血压病史30年。患者8年前诊断为冠心病,9天前在家中突然跌倒,手捂胸口,出虚汗,送医院诊断为冠状动脉栓塞,经抢救无效死亡。

死因链

疾病名称	发病死亡间隔	ICD编码
Ⅰ.(a)冠状动脉栓塞	9天	I24.0
(b)冠心病	8年	I25.1
(c)高血压	30年	I10
根本死因:急性心肌梗死		I21.9

编写分析

本例适用根本死因编码的注释,将根本死因编码到I24。但在编码时注意,对于死亡来说,冠状动脉栓塞应假定发生了心肌梗死,将根本死因编码到I21.—或I22.—。

8 病史摘要

患者既往有冠心病史5年,平时服药治疗。患者近来时感胸闷、心悸、心慌,在医院查心电图示心律失常,终因年老体迈,心力衰竭于医院死亡。

死因链

疾病名称	发病死亡间隔	ICD编码
Ⅰ.(a)心力衰竭		I50.9
(b)心律失常		I49.9
(c)冠心病	5年	I25.1
根本死因:冠心病		I25.1

编写分析

本例适用根本死因判断总原则,选择冠心病(第Ⅰ部分最低一行情况)为根本死因。

9 病史摘要

死者既往有2型糖尿病、脑梗死、高血压等慢性病史,15年前因心悸、乏力、呼吸困难于医院诊断为冠心病,近 1 年来时感心悸胸闷,去医院诊断有Ⅱ度房室传导阻滞,服药治疗效果不佳,病情逐渐加重,后在家中死亡。

死因链

疾病名称	发病死亡间隔	ICD 编码
Ⅰ.（a）Ⅱ度房室传导阻滞	1 年	I44.1
（b）冠心病	15 年	I25.1
（c）高血压		I10
Ⅱ. 2 型糖尿病		E11.9
脑梗死		I63.9
根本死因:冠心病		I25.1

编写分析

本例反映了一些老年人基础慢性病较多的特点,应详细记录各种慢性病的发生时间、日常控制情况。按照死亡前最严重的直接死因进一步追究根本死因。本例根据病史记录,确定直接死因为冠心病引起的房室传导阻滞一般没有异议,但冠心病可由高血压或 2 型糖尿病发展而来,需临床医生根据患者生前高血压、糖尿病的控制情况具体判断,选择控制不良的一种填写在第Ⅰ部分(c)行,其余慢性病填写到第Ⅱ部分。

10　病史摘要

患者既往有脑梗死后遗症,高血压 30 年,常年服降压药,时常伴有心悸、头晕,25 年前心悸加重,气喘,在医院诊断为冠心病,给予药物治疗。患者近 1 个月因淋雨导致发热、咳嗽,且病情逐渐加重,夜不能平卧,双下肢水肿,逐渐不能饮食,消瘦,医治无效,在家死亡。

死因链

疾病名称	发病死亡间隔	ICD 编码
Ⅰ.（a）肺部感染	1 月	J98.4
（b）冠心病	25 年	I25.1
（c）高血压	30 年	I10
Ⅱ. 脑梗后遗症		I69.3
根本死因:冠心病		I25.1

编写分析

本例根据修饰规则 C,高血压伴有提及冠心病时,应当将根本死因编码到冠心病。

11 病史摘要

患者患有动脉粥样硬化10年,2年前在农田干活时突然胸闷、心前区疼痛,去医院检查诊断为冠心病,一直服药治疗,下午突然捂胸倒地,意识丧失,急呼120,120急救医生到场时人已死亡,医生推断为心源性猝死。

死因链

疾病名称	发病死亡间隔	ICD编码
Ⅰ.（a）心源性猝死	40分钟	I46.1
（b）冠心病	2年	I25.1
（c）动脉粥样硬化	10年	I70.9
根本死因：冠心病		I25.1

编写分析

本例根据总原则应选择动脉粥样硬化为根本死因,但根据根本死因编码的注释,当动脉粥样硬化（I70.—）伴有提及缺血性心脏病（I20—I25）时,应当将根本死因编码到I20—I25。

12 病史摘要

患者5年前医院体检时发现有陈旧性心肌梗死,近1年来劳累后偶感胸闷、心慌,数分钟后即恢复,未予重视,上午与人争吵时突然胸闷,大汗淋漓,120到场时已丧失意识,抢救无效,死亡。

死因链

疾病名称	发病死亡间隔	ICD编码
Ⅰ.（a）心源性猝死	3小时	I46.1
（b）陈旧性心肌梗死	5年	I25.2
根本死因：其他类型的慢性缺血性心脏病		I25.8

编写分析

本例中,根据根本死因编码的注释,陈旧性心肌梗死不作为根本死因,如果心脏病原因未陈述的话,可以将根本死因编码到其他类型的慢性缺血性心脏病（I25.8）。

13 病史摘要

患者既往有高血压病史30年,冠心病史15年余,平时服药治疗。患者2个月前突发胸闷、喘息、面唇青紫,急送医院抢救,诊断为急性心肌梗死,病情反复,今早起床时突感头晕、胸闷、喘息困难,跌倒在地,家人扶起后面色苍白,手脚发紫,大小便失禁,在医院抢救无效死亡。

死因链

疾病名称	发病死亡间隔	ICD 编码
Ⅰ．(a) 心源性休克		R57.0
(b) 急性心肌梗死	2 月	I21.9
(c) 冠心病	15 年	I25.1
(d) 高血压	30 年	I10
根本死因：其他类型的慢性缺血性心脏病		I25.8

编写分析

本例中，根据根本死因编码的注释，急性心肌梗死特指为慢性或自发病起时间超过 28 天时编码到 I25.8。

14 病史摘要

患者男性，52 天前有过上呼吸道感染史，45 天前突然出现胸痛伴恶心、呕吐和呼吸困难，送至医院就诊，诊断为病毒性心肌炎。患者 20 天前出现严重室性心律失常，30 分钟前心脏骤停。

死因链

疾病名称	发病死亡间隔	ICD 编码
Ⅰ．(a) 心律失常	20 天	I49.9
(b) 病毒性心肌炎	45 天	I40.0
(c) 急性上呼吸道感染	52 天	J06.9
根本死因：病毒性心肌炎		I40.0

编写分析

本例中，急性上呼吸道感染属于小毛病，一般不作为根本死因。根据修饰规则 B 选择病毒性心肌炎作为根本死因。

15 病史摘要

患者女性，2 年前上呼吸道感染 2 周后出现胸痛、心悸和气短，去医院就诊，诊断为急性心肌炎，经过规范治疗病情有所好转，1 年前转成慢性心肌炎，近日病情加重，心衰而亡。

死因链

疾病名称	发病死亡间隔	ICD 编码
Ⅰ．(a) 慢性心肌炎	1 年	I51.4
（b) 急性心肌炎	2 年	I40.9
根本死因：急性心肌炎		I40.9

编写分析

本例根据总原则判定根本死因。一般情况下某种急性疾病转化成了慢性疾病，根本死因为急性疾病，但有三种疾病例外：肾炎、支气管炎、白血病。

16 病史摘要

患者女性，5 年前因突然晕厥伴意识丧失送医院就诊，诊断为阿斯综合征，2 小时前出现昏迷，救治无效死亡。

死因链

疾病名称	发病死亡间隔	ICD 编码
Ⅰ．(a) 昏迷	2 小时	R40.2
（b) 阿斯综合征	5 年	I45.9
根本死因：阿斯综合征		I45.9

编写分析

本例根据总原则，选择阿斯综合征（第Ⅰ部分最低一行情况）为根本死因。

17 病史摘要

患者患有动脉粥样硬化 15 年、原发性高血压 12 年，2 天前在家中如厕后突感恶心、呕吐、头痛、头晕，渐渐昏迷，去医院 CT 诊断为蛛网膜下腔出血，抢救效果不佳死亡。

死因链

疾病名称	发病死亡间隔	ICD 编码
Ⅰ．(a) 蛛网膜下腔出血	2 天	I60.9
（b) 高血压	12 年	I10
（c) 动脉粥样硬化	15 年	I70.9
根本死因：蛛网膜下腔出血		I60.9

编写分析

本例需注意，动脉粥样硬化和高血压一样，都是全身性疾病，一般都不作为根本死因。此例需应用两次联系规则：①当动脉粥样硬化（I70.—）伴有提及原发性

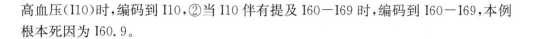

高血压(I10)时,编码到 I10,②当 I10 伴有提及 I60—I69 时,编码到 I60—I69,本例根本死因为 I60.9。

18 病史摘要

患者男性,高血压 30 年,一直服用降压药治疗,血压控制不佳,维持在 160/110 mmHg 左右。患者 5 天前突发昏迷,呼吸不规则,送至医院就诊,经头颅 CT 诊断为脑干出血,经抢救无效死亡。

死因链

疾病名称	发病死亡间隔	ICD 编码
Ⅰ．(a) 脑干的脑内出血	5 天	I61.3
(b) 高血压	30 年	I10
根本死因:脑干的脑内出血		I61.3

编写分析

本例是高血压引起急性脑血管疾病后死亡的典型案例,高血压一般不作为根本死因,当伴有提及脑血管病(I60—I69),根本死因编码到脑血管病。高血压引起的急性脑血管病常见的包括:脑出血(I60—I62)、脑梗死(I63.—)、脑卒中(I64)。

19 病史摘要

患者男性,高血压 20 年,2 天前突感头痛,呕吐,伴左侧肢体活动不能,送医院就诊,经头颅 CT 诊断为脑出血,抢救无效,于今晨呼吸心搏骤停。

死因链

疾病名称	发病死亡间隔	ICD 编码
Ⅰ．(a) 脑内出血	2 天	I61.9
(b) 高血压	20 年	I10
根本死因:脑内出血		I61.9

编写分析

根本死因判断规则同例 18。

20 病史摘要

患者女性,1 个月前头晕、头痛、呕吐伴偏瘫,送医院就诊,经头颅 CT 诊断为脑出血,1 周来病情加重,半小时前意识丧失,呼吸停止。患者有糖尿病史 10 年。

死因链编写实例应用

死因链

疾病名称	发病死亡间隔	ICD 编码
Ⅰ．(a) 脑内出血	1 月	I61.9
Ⅱ．糖尿病	10 年	E14.9
根本死因：脑内出血		I61.9

编写分析

本例中，糖尿病的书写位置由临床医生判断，若认为糖尿病不是主要致死疾病，可以将糖尿病放在第Ⅱ部分；若认为是糖尿病引起的脑出血，可以将糖尿病放在第Ⅰ部分(b)行，则根本死因为糖尿病。

21 病史摘要

患者男性，半年前早晨醒来后突感眩晕、视物模糊伴左侧肢体不能活动，送医院就诊，经头颅 CT 扫描后诊断为脑血栓。患者 2 天前出现意识模糊、昏迷，经抢救无效死亡。

死因链

疾病名称	发病死亡间隔	ICD 编码
Ⅰ．(a) 昏迷	2 天	R40.2
(b) 脑血栓	6 月	I66.9
根本死因：脑梗死		I63.9

编写分析

根据根本死因编码的注释，入脑前动脉的闭塞和狭窄未造成梗死（I65.—）、大脑动脉的闭塞和狭窄未造成梗死（I66.—），均不用于根本死因。对于死亡来说，假定已经发生脑梗死并将根本死因指定到 I63.—。

22 病史摘要

患者女性，高血压 10 年，一直服用降压药治疗。患者 7 个月前突感失语、意识障碍伴偏瘫，送医院经头颅 CT 诊断为脑梗死，1 小时前猝死。患者曾有糖尿病史 8 年，冠心病史 5 年。

死因链

疾病名称	发病死亡间隔	ICD 编码
Ⅰ．(a) 猝死	1 小时	R96.0
(b) 脑梗死	7 月	I63.9
(c) 高血压	10 年	I10
Ⅱ．糖尿病、冠心病		
根本死因：脑梗死		I63.9

编写分析

本例脑梗死 7 个月后猝死，医学上认为高血压、糖尿病、冠心病都可以引起脑梗死，需临床医师根据病情综合判断是哪种疾病导致了脑梗死。本例中，认为是高血压引起了脑梗死，将糖尿病、冠心病写在第Ⅱ部分。

23 病史摘要

患者 3 年前因经常头昏去某医院经颅超声检查，诊断为大脑动脉粥样硬化，5 天前患者头痛、头晕、四肢无力，2 天前症状加重，去医院 CT 检查为脑梗死，治疗无效死亡。

死因链

疾病名称	发病死亡间隔	ICD 编码
Ⅰ．(a) 脑梗死	5 天	I63.9
(b) 大脑动脉粥样硬化	3 年	I67.2
根本死因：脑梗死		I63.9

编写分析

本例适用总原则。选择根本死因时，需注意，大脑动脉粥样硬化伴有提及脑出血、脑梗死或卒中、入脑前动脉和大脑动脉闭塞及狭窄（I60－I66），编码到 I60－I64。

24 病史摘要

患者女性，8 个月前突感头晕、头痛，伴偏瘫，医院诊断为脑卒中，一直卧病在床，2 个月前出现发热、咳嗽伴呼吸困难，经胸部 CT 扫描诊断为肺部感染，1 天前出现感染性休克并发多脏器功能衰竭而亡。患者 4 个月前曾有过褥疮感染。

死因链

疾病名称	发病死亡间隔	ICD 编码
Ⅰ．(a) 感染性休克	1 天	A41.9
(b) 肺部感染	2 月	J98.4
(c) 脑卒中	8 月	I64
Ⅱ．陈旧褥疮	4 月	L89.9
根本死因：脑卒中		I64

编写分析

本例根据总原则，选择脑卒中（第Ⅰ部分最低一行情况）为根本死因。

25 病史摘要

患者男性,1个月前突感失语,口鼻歪斜,至医院就诊,诊断为脑卒中,1小时前发生猝死。

死因链

疾病名称	发病死亡间隔	ICD编码
Ⅰ.(a)猝死	1小时	R96.0
(b)脑卒中	1月	I64
根本死因:脑卒中		I64

编写分析

本例根据总原则,选择脑卒中(第Ⅰ部分最低一行情况)为根本死因。

26 病史摘要

患者男性,高血压30年,一直服用抗压药治疗。患者2个月前因口角歪斜、右侧肢体偏瘫,在医院就诊,诊断为脑卒中,后卧床不起,近期病情加重,死于家中。

死因链

疾病名称	发病死亡间隔	ICD编码
Ⅰ.(a)脑卒中	2月	I64
(b)高血压	30年	I10
根本死因:脑卒中		I64

编写分析

本例适用于根本死因判断规则总原则,需注意,高血压一般不用作根本死因,当伴有提及脑血管病(I60-I69)时,将根本死因编码到脑血管病(I60-I69)。

27 病史摘要

患者男性,高血压10年,一直服用降压药治疗,血压控制不佳,维持在165/100 mmHg左右,2年前因头痛、呕吐伴偏瘫就诊于某医院,经头颅CT诊断为脑出血,后一直卧病在床。患者昨天突然出现病情加重伴昏迷,于今日凌晨在家死亡。

死因链

疾病名称	发病死亡间隔	ICD编码
Ⅰ.(a)脑出血	2年	I61.9
(b)高血压	10年	I10
根本死因:脑内出血后遗症		I69.1

编写分析

本例是高血压引起脑血管意外的典型案例。根据根本死因编码的注释,高血压伴有提及脑血管病时,根本死因编码到脑血管病,但脑血管病引起的死亡如果发生于急性脑血管病发生后 1 年及以上或医生明确出现了后遗症效应,根本死因编码到 I69.—。

28 病史摘要

患者女性,高血压 30 年,一直服用降压药治疗,10 年前因头痛伴呕吐住院治疗,经头颅 CT 诊断为脑出血,后一直卧病在床。患者 1 年前出现褥疮感染,近期病情加重,神志不清,昏迷而亡。

死因链

疾病名称	发病死亡间隔	ICD 编码
Ⅰ.(a)褥疮感染	1 年	L89.9
(b)脑内出血	10 年	I61.9
(c)高血压	30 年	I10
根本死因:脑内出血后遗症		I69.1

编写分析

本例分析过程同例 27。

29 病史摘要

患者男性,高血压 30 年,一直服用降压药治疗,10 年前因口角歪斜、不能言语伴一侧肢体不能活动住院治疗,经头颅 CT 诊断为脑梗死,后一直卧病在床。患者 1 年前出现褥疮感染,近期病情加重,于家中死亡。

死因链

疾病名称	发病死亡间隔	ICD 编码
Ⅰ.(a)褥疮感染	1 年	L89.9
(b)脑梗死	10 年	I63.9
(c)高血压	30 年	I10
根本死因:脑梗死后遗症		I69.3

编写分析

本例分析过程同例 27。

30 病史摘要

患者男性,高血压 30 年,一直规律服用降压药,10 年前突发头痛、呕吐、言语不清伴一侧肢体不能活动,送至医院就诊,经头颅 CT 诊断为脑卒中,经治疗病情有所好转,5 年前卧病在床,6 个月前出现发热伴咳嗽、痰液增多等症状,去医院就诊,经 X 线胸部摄片检查诊断为坠积性肺炎,昨日病情加重于家中死亡。

死因链

疾病名称	发病死亡间隔	ICD 编码
Ⅰ．(a) 坠积性肺炎	6 月	J18.2
(b) 脑卒中	10 年	I64
(c) 高血压	30 年	I10
根本死因:脑卒中后遗症		I69.4

编写分析

本例分析过程同例 27。

31 病史摘要

患者女性,5 年前因口舌歪斜、言语不清伴双侧肢体不能动弹去医院就诊,经头颅 CT 检查诊断为脑卒中,后一直卧病在床,1 年前左脚溃烂,1 个月前突发寒战、高热,经医院检查诊断为败血症,经治疗无效死亡。

死因链

疾病名称	发病死亡间隔	ICD 编码
Ⅰ．(a) 败血症	1 月	A41.9
(b) 左脚溃烂	1 年	L97
(c) 脑卒中	5 年	I64
根本死因:脑卒中后遗症		I69.4

编写分析

本例根据总原则,选择脑卒中(第Ⅰ部分最低一行情况)为根本死因,再根据修饰规则 F(后遗症),编码到脑卒中后遗症。

32 病史摘要

患者男性,3 个月前因左下肢突然疼痛、发凉,足背动脉不能触及,去医院就诊,经彩超及动脉造影诊断为下肢动脉栓塞。患者 1 个月前突感头痛、头晕伴意识障碍,经医院诊断为脑卒中,治疗无效死亡。

死因链

疾病名称	发病死亡间隔	ICD 编码
Ⅰ．（a）脑卒中	1 月	I64
（b）下肢动脉栓塞	3 月	I74.3
根本死因：下肢动脉栓塞		I74.3

编写分析

本例根据总原则，选择下肢动脉栓塞（第Ⅰ部分最低一行情况）为根本死因。

33 病史摘要

患者男性，45 天前左下肢突然肿胀，局部疼痛，行走时加剧，去医院诊断为下肢静脉血栓。患者 20 天前突发头痛、头晕伴昏迷，送医院就诊，经头颅 CT 诊断为脑梗死，3 天前病情加重，于家中死亡。

死因链

疾病名称	发病死亡间隔	ICD 编码
Ⅰ．（a）脑梗死	20 天	I63.9
（b）下肢静脉血栓	45 天	I80.3
根本死因：下肢静脉血栓		I80.3

编写分析

本例根据总原则，选择下肢静脉血栓（第Ⅰ部分最低一行情况）为根本死因。

34 病史摘要

患者女性，10 年前右侧下肢常感酸沉、胀痛及乏力，下肢静脉明显迂曲扩张，站立时明显。患者 2 年前右脚趾出现红紫、麻木，后期溃烂坏死，医院诊断为血栓性脉管炎。患者 2 天前突发胸痛伴呼吸困难，经肺动脉造影诊断为肺栓塞，30 分钟前心跳呼吸骤停。

死因链

疾病名称	发病死亡间隔	ICD 编码
Ⅰ．（a）肺栓塞	2 天	I26.0
（b）右脚趾血栓性脉管炎	2 年	I80.3
（c）下肢静脉曲张	10 年	I83.9
根本死因：下肢静脉曲张		I83.9

死因链编写实例应用

编写分析

本例根据总原则,选择下肢静脉曲张(第Ⅰ部分最低一行情况)为根本死因。

第二节　常用死因编码

循环系统疾病	I00—I99
慢性风湿性心脏病	I05—I09
注意:报告风湿性心脏病时,应报告心脏病变的详细解剖部位和病理情况,如二尖瓣关闭不全、三尖瓣狭窄等。	
二尖瓣狭窄	I05.0
二尖瓣关闭不全	I05.1
二尖瓣狭窄伴有关闭不全	I05.2
三尖瓣狭窄	I07.0
三尖瓣关闭不全	I07.1
三尖瓣狭窄伴有关闭不全	I07.2
高血压病	I10—I15
注意:高血压一般不作为根本死因,由此引发的并发症可以作为根本死因,如高血压心脏病、高血压肾脏病等。在报告高血压时要报告由高血压引起的靶器官损伤情况。	
原发性高血压	I10
高血压心脏病	I11.—
高血压肾脏病	I12.—
高血压心脏和肾脏病	I13.—
缺血性心脏病	I20—I25
注意:报告心肌梗死时应报告急性、随后性、陈旧性等时间描述和前壁、下壁等解剖部位。	
急性心肌梗死	I21.—
随后性心肌梗死	I22.—
冠状动脉硬化性心脏病	I25.1

陈旧性心梗	I25.2
急性心包炎	I30.—
感染性心包炎	I30.1
未特指的急性心包炎	I30.9
急性心肌炎	I40.—
感染性心肌炎	I40.0
未特指的急性心肌炎	I40.9
脑血管病	I60—I69

注意：此处报告的脑血管病均为非外伤性。报告脑血管病时应尽量报告出血、梗死及出血梗死的具体解剖部位，如小脑的脑内出血。发病到死亡时间超过1年及以上的，根本死因编码到脑血管病后遗症。

蛛网膜下出血	I60.—
脑内出血	I61.—
其他非创伤性颅内出血	I62.—
硬膜下出血	I62.0
硬膜外出血	I62.1
颅内出血，未指明性质	I62.9
脑梗死	I63.—
中风，未指明出血或梗死	I64
脑血管病，未指明性质	I67.9
脑血管病后遗症	I69.—
蛛网膜下出血后遗症	I69.0
脑内出血后遗症	I69.1
其他非创伤性颅内出血后遗症	I69.2
脑梗死后遗症	I69.3
中风后遗症，未指明出血或梗死后遗症	I69.4
其他和未特指的脑血管病后遗症	I69.8
主动脉瘤	I71.—
胸主动脉瘤破裂	I71.1
腹主动脉瘤破裂	I71.3
胸腹主动脉瘤破裂	I71.5
未特指部位的主动脉瘤破裂	I71.8

第三章　损伤和中毒死因链与编码

第一节　常见死因链实例与分析

本章注意点：应报告损伤和中毒的性质、外因、临床表现。首先应明确报告是意外，还是自杀或被杀，然后尽可能详细报告外部原因。如确诊有困难及对损伤或中毒原因有疑点，应如实填写"不明原因的……"以供引起重视。临床表现主要指损伤中毒的性质（如骨折、脏器损伤、烧伤、中毒、毒性效应等）、损伤的具体部位（颅内、胸、腹部、四肢等）、中毒的程度（轻、中、重）等。

1　病史摘要

患者2小时前步行在路上被小汽车意外撞伤，立即送往医院，经CT检查颅骨骨折、颅内损伤，抢救无效死亡。患者有胃底恶性肿瘤病史。

死因链

疾病名称	发病死亡间隔	ICD编码
Ⅰ.（a）颅内损伤	2小时	S06.9
（b）颅骨骨折	2小时	S02.7
（c）行人被小汽车意外撞伤（交通事故）	2小时	V03.1
Ⅱ.胃底恶性肿瘤		C16.1
根本死因：行人被小汽车撞伤		V03.1

编写分析

本例为交通事故导致的死亡，需注意，当报告损伤/中毒造成死亡时，必须在下面继续填写导致损伤/中毒的外部原因。另外，此案例是肿瘤患者发生意外的情况，根本死因要编码到意外事故，不能编码到肿瘤。

2 病史摘要

患者在厂区内步行时,被大货车倒车时意外撞伤,后送医院行 X 线、CT 检查诊断为多发性骨折、颅脑损伤,抢救无效死亡。

死因链

疾病名称	发病死亡间隔	ICD 编码
Ⅰ.(a) 颅内损伤	2 天	S06.9
(b) 多发性骨折	2 天	T02.9
(c) 行人被大货车撞伤(非交通事故)	2 天	V04.0
根本死因:行人在厂区被大货车撞伤		V04.0

编写分析

本案例发生在厂区,需注意,"完全发生在公路以外的任何地方的车辆事故"均归于"非交通事故",比如庭院、学校、厂区、建筑工地等。根本死因根据总原则判定。

3 病史摘要

患者驾驶的汽车 3 小时前在高速公路抛锚,下车等待救援时,因天黑视线不明,被另一辆疾驰的卡车撞伤,立即送往医院,行 B 超检查为脾脏破裂,失血过多死亡。

死因链

疾病名称	发病死亡间隔	ICD 编码
Ⅰ.(a) 创伤性失血性休克	3 小时	T79.4
(b) 脾脏破裂	3 小时	S36.0
(c) 行人在公路上被卡车撞伤(交通事故)	3 小时	V04.1
根本死因:行人在公路上被卡车撞伤		V04.1

编写分析

本例中,虽然死者是汽车司机,但因为发生事故时他是作为行人在高速公路上,所以编码到行人发生的交通事故。根本死因根据总原则判定。

4 病史摘要

患者 2 天前在路上行走时被农用拖拉机撞伤,送至医院抢救,行 CT 检查为颅内损伤出血,医治无效死亡。

死因链

疾病名称	发病死亡间隔	ICD 编码
Ⅰ．（a）颅内损伤出血	2 天	S06.8
（b）行人被农用车撞伤（交通事故）	2 天	V09.2
根本死因：行人被农用车撞伤（交通事故）		V09.2

编写分析

本例死因链明确。拖拉机为农业特殊车辆，即行人被其他特指车辆撞伤，编码到 V09—，"其他特指车辆"还包括工业厂区、建筑工地等特殊车辆。需要注意的是死者非农用车司机或者乘客，不可编码到 V84．—（农业专用车辆人员的损伤）。

5 病史摘要

患者 1 天前在大桥桥口骑自行车与电动三轮车相撞后昏迷，送到医院行 CT 检查示脑出血，经抢救无效，于家中死亡。患者有高血压史 15 年。

死因链

疾病名称	发病死亡间隔	ICD 编码
Ⅰ．（a）脑出血	1 天	S06.8
（b）骑自行车人员与电动三轮车相撞损伤	1 天	V12.4
Ⅱ．高血压	15 年	I10
根本死因：骑自行车人员与电动三轮车相撞损伤（交通事故）		V12.4

编写分析

本例为常见交通事故，根据总原则确定根本死因。需注意，创伤导致的脑出血编码到 S06.8，易误将死因编码至 I61．—（非创伤性脑出血）。

6 病史摘要

患者既往无慢性病史，3 天前骑脚踏车被轿车撞伤，引起骨盆骨折，在医院手术治疗，病情加重昏迷，医治无效死亡。

死因链

疾病名称	发病死亡间隔	ICD 编码
Ⅰ．（a）骨盆骨折	3 天	S32.8
（b）骑脚踏车人员被轿车撞伤（交通事故）	3 天	V13.4
根本死因：骑脚踏车人员被轿车撞伤（交通事故）		V13.4

编写分析

本例根据总原则，选择骑脚踏车人员被轿车撞伤（第Ⅰ部分最低一行情况）为根本死因。

7 病史摘要

患者半小时前骑摩托车在路上行驶被重型卡车撞倒,送到医院抢救,行 CT 检查,诊断为急性硬膜下血肿造成的创伤性脑疝,后死亡。

死因链

疾病名称	发病死亡间隔	ICD 编码
Ⅰ.(a)创伤性脑疝	0.5 小时	S06.9
(b)急性硬膜下血肿	0.5 小时	S06.4
(c)骑摩托车人员被重型卡车撞伤(交通事故)	0.5 小时	V24.4
根本死因:骑摩托车人员与重型卡车相撞损伤(交通事故)		V24.4

编写分析

本例根据总原则判定根本死因。骑摩托车、电瓶车(不包括三轮机动车)人员在交通事故中的损伤应编码到 V2*.—。

8 病史摘要

患者 1 天前在公路上骑电动车转弯时速度太快摔倒在地,送到医院抢救,行 CT、X 线检查诊断为骨盆骨折,2 小时前突发失血性休克,抢救无效死亡。

死因链

疾病名称	发病死亡间隔	ICD 编码
Ⅰ.(a)出血性休克	2 小时	R57.1
(b)骨盆骨折	1 天	S32.8
(c)骑电动车人员转弯时意外跌倒(交通事故)	1 天	V28.4
根本死因:骑电动车人员转弯时意外跌倒(交通事故)		V28.4

编写分析

本例根据总原则判定根本死因。此交通事故为骑电动车自行摔倒,未发生碰撞,指导手册中明确非碰撞性交通事故编码到 V18.—,V28.—,V38.—,V48.—,V58.—,V68.—,V78.—。

9 病史摘要

患者 1 小时前骑电瓶三轮车到机械厂装货,在公路上电瓶三轮车侧翻,车上的钢材砸到身上、头上,导致颅骨骨折,当场死亡。患者生前有烟酒嗜好,高血压史 2

年,无糖尿病等慢性病史。

死因链

疾病名称	发病死亡间隔	ICD 编码
Ⅰ.（a）钢材砸到头部骨折	1 小时	S02.7
（b）被钢材坠落砸伤	1 小时	W20.4
（c）电瓶三轮车侧翻（交通事故）	1 小时	V38.5
Ⅱ.高血压	2 年	I10
根本死因:电瓶三轮车侧翻（交通事故）		V38.5

编写分析

本例为 2 次事故导致的死亡,直接事故是钢材砸中头部,根本死因编码到首先发生的事故,因发生在公路,编码到交通事故。

10　病史摘要

患者 1 小时前在马路边下汽车开车门时,被另一辆汽车撞伤,立即送往医院,行 B 超检查为脾脏破裂,救治无效死亡。

死因链

疾病名称	发病死亡间隔	ICD 编码
Ⅰ.（a）脾脏破裂	1 小时	S36.0
（b）下汽车开门时被另一辆汽车撞伤	1 小时	V43.4
根本死因:下汽车开门时被另一辆汽车撞伤		V43.4

编写分析

本例中,事故为开汽车门时被撞伤,编码到"上或下小汽车时的人员损伤",若已经下车走到道路上则编码到行人被汽车撞伤的交通事故（V03.1）。

11　病史摘要

患者驾驶汽车在路上行驶时车辆爆胎,汽车冲入河中,发现时已在河中的汽车内溺亡。

死因链

疾病名称	发病死亡间隔	ICD 编码
Ⅰ.（a）淹死		T75.1
（b）驾驶汽车意外落入河中（交通事故）		V48.5
根本死因:驾驶汽车意外落入河中（交通事故）		V48.5

第三章 损伤和中毒死因链与编码

编写分析

本例中,事故直接原因是汽车落入河中导致淹死,但是是汽车爆胎发生的非碰撞性交通事故所致,所以编码到汽车的交通事故 V4*.—。

12 病史摘要

患者4小时前乘坐公共汽车时,因方向盘失去控制,公共汽车撞到高速公路路牙受伤,送到医院抢救,行CT、X线检查诊断为多发性骨折,抢救无效死亡。

死因链

疾病名称	发病死亡间隔	ICD 编码
Ⅰ.(a)多发性骨折	4小时	T02.9
(b)乘坐公共汽车人员撞伤(交通事故)	4小时	V77.6
根本死因:乘坐公共汽车人员撞伤(交通事故)		V77.6

编写分析

本例死因链明确。车辆因转弯失败、超速、爆胎等失去控制导致撞到固定或静止物,编码到 V*7.—,要注意区别乘客和司机的编码。

13 病史摘要

患者5小时前在公路上开铲车时被卡车撞到,头部外伤当场死亡。

死因链

疾病名称	发病死亡间隔	ICD 编码
Ⅰ.(a)头部外伤	5小时	S09.9
(b)在公路上开铲车时被卡车撞到(交通事故)	5小时	V85.0
根本死因:在公路上开铲车时被卡车撞到(交通事故)		V85.0

编写分析

本例死因链明确。死者为铲车司机,属于建筑特殊车辆人员损伤,编码到 V85.—,若是农业专用车辆人员损伤则编码到 V84.—,工业厂区车辆人员损伤编码到 V83.—。根本死因根据总原则判定。

14 病史摘要

患者3小时前在河中划船意外落水,后被发现时已淹死在河中。

死因链

疾病名称	发病死亡间隔	ICD 编码
Ⅰ．(a) 淹死	2 小时	T75.1
(b) 划船时意外落水河中	3 小时	V92.8
根本死因：划船时意外落水河中		V92.8

编写分析

报告溺水时要报告两要素，即外因和区域，本案例要素完整，明确发生在船上，所以属于水上运输事故(V90—V94)，易误直接编码到意外损伤(W70)。

15 病史摘要

患者 1 天前大量饮酒后，出现严重醉酒状态，步态不稳，在家中平地意外跌倒，发现后立即送医院，行 CT 检查，诊断为外伤性脑出血，抢救无效死亡。患者生前有高血压史 10 年。

死因链

疾病名称	发病死亡间隔	ICD 编码
Ⅰ．(a) 外伤性脑出血	1 天	S06.8
(b) 家中平地意外跌倒	1 天	W01.0
Ⅱ．高血压	10 年	I10
根本死因：家中平地意外跌倒		W01.0

编写分析

本例死因链明确，根据总原则判定根本死因。本案例注意跌倒不接受由于这一章(V01—X59)以外的任何其他原因引起，除外癫痫、骨密度疾患，所以本例不编码到醉酒。

16 病史摘要

患者 2 小时前从宿舍楼梯上跌落，送至镇医院诊断为颅内损伤，经抢救无效死亡。

死因链

疾病名称	发病死亡间隔	ICD 编码
Ⅰ．(a) 颅内损伤	2 小时	S06.9
(b) 从宿舍楼梯上跌落	2 小时	W10.1
根本死因：从宿舍楼梯上跌落		W10.1

编写分析

本例死因链明确。编码时需注意,涉及楼梯的跌落编码到 W10.—,涉及轮椅 W05.—,涉及床上 W06.—,涉及椅子 W07.—,涉及家具 W08.—;跌倒在宿舍、招待所、养老院、孤儿院、监狱等"居住的公共设施",编码到 W＊＊.1。

17 病史摘要

患者 1 天前在工地脚手架上意外坠落,发现后立即送往医院,行 CT 检查诊断为颅内出血,2 小时前出现昏迷,呼之不应,抢救无效死亡。

死因链

疾病名称	发病死亡间隔	ICD 编码
Ⅰ.（a）昏迷	2 小时	R40.2
（b）颅内出血	1 天	S06.3
（c）在工地脚手架上意外跌落	1 天	W12.6
根本死因:在工地脚手架上意外跌落		W12.6

编写分析

本例死因链明确。高空跌落时,涉及脚手架的跌落编码至 W12.—,涉及梯子 W11.—,涉及房屋 W13.—,涉及树 W14.—,涉及悬崖 W15.—;跌落地点在工地,编码到 W—.6。

18 病史摘要

患者 2 小时前在火车站台等车时,不慎掉入站台下,送至医院诊断为颅骨骨折,积极抢救无效死亡。

死因链

疾病名称	发病死亡间隔	ICD 编码
Ⅰ.（a）颅骨骨折		S02.9
（b）从火车站站台意外跌落		W17.5
根本死因:从火车站站台意外跌落		W17.5

编写分析

本例死因链明确。从一个平面跌入另一个平面,编码至 W17,另一个平面包括洞穴、站台、草堆、洞口、地窖、石坑、矿井、水井。

19 病史摘要

患者 1 个月前在家中意外摔倒,立即送往医院,经 X 线检查为股骨颈骨折,后一直卧床,20 天前由于护理不当出现褥疮感染,死亡。

死因链

疾病名称	发病死亡间隔	ICD 编码
Ⅰ．(a) 褥疮	20 天	L89.9
(b) 股骨颈骨折	1 月	S72.0
(c) 在家意外摔倒	1 月	W19.0
根本死因：在家意外摔倒		W19.0

编写分析

本例死因链明确，不足之处是没有指明如何跌倒或者涉及的物品，则编码到 W19.—（未特指的跌倒）。根本死因根据总原则判定。

20 病史摘要

患者 2 小时前在建筑工地被钢管意外砸中胸部，当场死亡。

死因链

疾病名称	发病死亡间隔	ICD 编码
Ⅰ．(a) 胸部外伤	2 小时	S21.9
(b) 在建筑工地被钢管意外砸伤	2 小时	W20.6
根本死因：在建筑工地被钢管意外砸伤		W20.6

编写分析

本例根据总原则，选择在建筑工地被钢管意外砸伤（第Ⅰ部分最低一行情况）为根本死因。

21 病史摘要

患者 1 小时前在化工厂车间工作时突发爆炸，造成严重烧伤，当场死亡。

死因链

疾病名称	发病死亡间隔	ICD 编码
Ⅰ．(a) 严重烧伤	1 小时	T30.3
(b) 在车间工作时化工厂爆炸意外烧伤	1 小时	W40.6
根本死因：在车间工作时化工厂爆炸意外烧伤		W40.6

编写分析

本例根据总原则，选择在车间工作时化工厂爆炸意外烧伤（第Ⅰ部分最低一行情况）为根本死因。需注意，本例中烧伤由爆炸引起，根本死因编码至 W40.6（爆炸）。

22 病史摘要

患者在家旁边运河中游泳时意外溺水,被发现时已淹死在河中。

死因链

疾病名称	发病死亡间隔	ICD 编码
Ⅰ.（a）淹死		T75.1
（b）在家旁边河里游泳时意外溺水		W69.8
根本死因:在家旁边河里游泳时意外溺水		W69.8

编写分析

本例根据总原则,选择在家旁边河里游泳时意外溺水(第Ⅰ部分最低一行情况)为根本死因。需注意,本案例易误编码到 W70.—,W70.— 是指落入自然水域,有跌落的概念,而本例为游泳时溺亡,应编码至 W69.—。

23 病史摘要

患者 2 小时前意外落入池塘中,发现时已溺亡。患者 20 年前在医院诊断为精神分裂症。

死因链

疾病名称	发病死亡间隔	ICD 编码
Ⅰ.（a）淹死	2 小时	T75.1
（b）意外落入池塘溺水	2 小时	W70.8
Ⅱ.精神分裂症	20 年	F20.9
根本死因:意外落入池塘溺水		W70.8

编写分析

本例根据总原则,选择意外落入池塘溺水(第Ⅰ部分最低一行情况)为根本死因。需注意,因精神分裂症与本次意外无直接关联,所以将其放在第Ⅱ部分。

24 病史摘要

患者 2 小时前在乡下田边行走时不慎跌落水渠中导致溺水窒息,被人发现送至乡镇医院,积极治疗无效死亡。

死因链

疾病名称	发病死亡间隔	ICD 编码
Ⅰ.（a）淹死	2 小时	T75.1
（b）不慎跌落水渠中	2 小时	W73.7
根本死因:不慎跌落水渠中		W73.7

编写分析

本例根据总原则,选择不慎跌落水渠中(第Ⅰ部分最低一行情况)为根本死因。

25 病史摘要

患者婴儿,夜间在家中床上睡觉时,被被子意外闷住口鼻,导致窒息,父母发现后立即拨打120急救,救治无效死亡。

死因链

疾病名称	发病死亡间隔	ICD 编码
Ⅰ.(a)窒息		T71
(b)家中床上睡觉时被子意外闷住口鼻		W75.0
根本死因:家中床上睡觉时被子意外闷住口鼻		W75.0

编写分析

本例根据总原则,选择家中床上睡觉时被子意外闷住口鼻(第Ⅰ部分最低一行情况)为根本死因。

26 病史摘要

患者昨晚饮酒后呕吐,不慎将呕吐物吸入气管,脸色瘀青,呼吸困难,立即呼叫120送至医院,进入抢救室后,立即开放气道,吸引气道分泌物,并使用呼吸气囊、静脉药物等进行抢救,半小时后仍未恢复自主呼吸心跳,宣告死亡。

死因链

疾病名称	发病死亡间隔	ICD 编码
Ⅰ.(a)气管异物窒息	8小时	T17.4
(b)喝酒后呕吐物被吸入气管	8小时	W78.8
根本死因:喝酒后呕吐物被吸入气管		W78.8

编写分析

本例根据总原则,选择喝酒后呕吐物被吸入气管(第Ⅰ部分最低一行情况)为根本死因。此案例为吸入胃内容物导致窒息死亡,编码到 W78.—(吸入胃内容物),易误编码到 W79.—(吸入或咽下食物引起的呼吸道梗阻)。

27 病史摘要

患者80岁,1小时前在家进食汤圆时,因年纪较大,汤圆未能咽下,导致窒息死亡。患者8年前在医院诊断为老年性痴呆。

死因链

疾病名称	发病死亡间隔	ICD 编码
Ⅰ．(a) 食管内异物窒息	1 小时	T18.1
(b) 进食汤圆引起的呼吸道梗阻	1 小时	W79.0
Ⅱ．老年痴呆	8 年	F03
根本死因：进食汤圆引起的呼吸道梗阻		W79.0

编写分析

本例根据总原则,选择进食汤圆引起的呼吸道梗阻（第Ⅰ部分最低一行情况）为根本死因。

28 病史摘要

婴儿（男或女）,5 小时前喝奶时呛奶,立即送往医院,1 小时前进行抢救,无效死亡。

死因链

疾病名称	发病死亡间隔	ICD 编码
Ⅰ．(a) 呼吸道窒息	1 小时	T17.9
(b) 呛奶	5 小时	W79.0
根本死因：呛奶		W79.0

编写分析

本例根据总原则,选择呛奶（第Ⅰ部分最低一行情况）为根本死因。

29 病史摘要

患者 3 小时前在工地上疏通下水道时,因环境氧气不足导致缺氧窒息,经医院救治无效死亡。

死因链

疾病名称	发病死亡间隔	ICD 编码
Ⅰ．(a) 窒息	3 小时	T71
(b) 疏通下水道时氧气不足缺氧	3 小时	W81.8
根本死因：疏通下水道时氧气不足缺氧		W81.8

编写分析

本例根据总原则,选择疏通下水道时氧气不足缺氧（第Ⅰ部分最低一行情况）为根本死因。需注意,应与 T70.2（高海拔缺氧）、T58（一氧化碳中毒引起的窒息）、T17.—（吸入食物或异物引起的窒息）相区别。

30 病史摘要

患者半小时前在河边钓鱼,甩鱼竿时碰到高压线,触电当场死亡。

死因链

疾病名称	发病死亡间隔	ICD 编码
Ⅰ．(a) 电流效应	0.5 小时	T75.4
(b) 鱼竿碰到高压线触电	0.5 小时	W85.8
根本死因:鱼竿碰到高压线触电		W85.8

编写分析

本例根据总原则,选择鱼竿碰到高压线触电(第Ⅰ部分最低一行情况)为根本死因。

31 病史摘要

患者 5 天前在家中煮饭,不小心引燃家中柴草,造成房屋失火,在扑救时被严重烧伤,当即送医院救治,判断为三度烧伤,救治过程中出现发热、昏迷,5 天后因烧伤感染死亡。

死因链

疾病名称	发病死亡间隔	ICD 编码
Ⅰ．(a) 三度烧伤	5 天	T30.3
(b) 在家烧饭引起房屋意外失火	5 天	X00.0
根本死因:在家烧饭引起房屋意外失火		X00.0

编写分析

本例根据总原则,选择在家烧饭引起房屋意外失火(第Ⅰ部分最低一行情况)为根本死因。本例易错点是火灾的编码,根据火灾来源和有无控制性选择 X00－X06 之一。

32 病史摘要

患者 1 天前在家中使用电热毯引起家中火灾,在医院救治,诊断为全身大面积三度烧伤,并发感染,治疗无效死亡。

死因链

疾病名称	发病死亡间隔	ICD 编码
Ⅰ．(a) 三度烧伤	1 天	T30.3
(b) 电热毯引起家中火灾烧伤	1 天	X08.0
根本死因:电热毯引起家中火灾烧伤		X08.0

编码分析

本例根据总原则,选择电热毯引起家中火灾烧伤(第Ⅰ部分最低一行情况)为根本死因。需注意,暴露于除外 X00—X06 情况的其他特指的火灾编码到 X08.—,未特指的火灾编码到 X09.—。

33 病史摘要

患者 3 天前在地里干活,被草丛中的蛇咬伤,伤口麻木感,局部知觉丧失,约半小时后感觉头晕,即送当地医院治疗,3 天后出现循环衰竭死亡,医院诊断为毒蛇咬伤,引起心肌中毒死亡。

死因链

疾病名称	发病死亡间隔	ICD 编码
Ⅰ.(a)心肌中毒	3 天	T63.0
(b)在田里干活时被毒蛇咬伤	3 天	X20.7
根本死因:在田里干活时被毒蛇咬伤		X20.7

编码分析

本例根据总原则,选择在田里干活时被毒蛇咬伤(第Ⅰ部分最低一行情况)为根本死因。

34 病史摘要

患者于 6 小时前在建筑工地扎钢筋,因为天气热出现头痛、眩晕和乏力,随后出现意识障碍,即被工友送当地医院救治,医院诊断为中暑引起的热射病,虽全力抢救,终因多脏器功能受损衰竭死亡。

死因链

疾病名称	发病死亡间隔	ICD 编码
Ⅰ.(a)热射病	6 小时	T67.0
(b)工地热作中暑	6 小时	X30.6
根本死因:工地热作中暑		X30.6

编码分析

本例根据总原则,选择工地热作中暑(第Ⅰ部分最低一行情况)为根本死因。需注意,暴露于过度自然热下编码到 X30.—,人为原因的过度热编码到 W92.—。

35 病史摘要

患者 20 年前就有老年性痴呆症状,常年在外流浪,冬天露宿街头,昨天被人发现死于停车场,后经法医确认为冻死。

死因链

疾病名称	发病死亡间隔	ICD 编码
Ⅰ．(a) 冻伤		T35.7
(b) 冻死(冬天露宿街头)		X31.8
Ⅱ．老年痴呆	20 年	F03
根本死因：冻死(冬天露宿街头)		X31.8

编写分析

本例根据总原则，选择冻死(第Ⅰ部分最低一行情况)为根本死因。需注意，痴呆患者发生意外事故，根本死因编码到意外事故。

36　病史摘要

患者在空旷的地里干活，突遇雷雨，在找地方躲雨时不幸被雷击中，倒地，后送医院确认被雷击引起休克死亡。

死因链

疾病名称	发病死亡间隔	ICD 编码
Ⅰ．(a) 雷电休克		T75.0
(b) 在田地作业被雷电击伤		X33.7
根本死因：在田地作业被雷电击伤		X33.7

编写分析

本例根据总原则，选择在田地作业被雷电击伤(第Ⅰ部分最低一行情况)为根本死因。

37　病史摘要

患者平时喜欢饮高度白酒，昨天在酒店饮完 1 瓶白酒后出现意识模糊，后有呕吐，呕吐物中带血，被家人送去当地医院治疗，终因胃大出血死亡。

死因链

疾病名称	发病死亡间隔	ICD 编码
Ⅰ．(a) 胃出血	1 天	K92.9
(b) 酒精的意外中毒	1 天	X45.9
根本死因：酒精的意外中毒		X45.9

编写分析

本例根据总原则，选择酒精的意外中毒(第Ⅰ部分最低一行情况)为根本死因。

第三章　损伤和中毒死因链与编码

38 **病史摘要**

患者3小时前与朋友聚会大量饮酒,醉酒后出现呕吐、抽搐、昏迷,送至医院,诊断为急性酒精中毒,抢救无效死亡。

死因链

疾病名称	发病死亡间隔	ICD编码
Ⅰ．(a) 醉酒	3小时	F10.0
(b) 酒精的意外中毒	3小时	X45.9
根本死因:酒精的意外中毒		X45.9

编写分析

本例根据总原则,选择酒精的意外中毒(第Ⅰ部分最低一行情况)为根本死因。根据根本死因编码的注释,当F10—F19(使用精神活性物质引起的精神和行为障碍),伴有提及X40—X49(有毒物质的意外中毒)时,根本死因编码到X40—X49。

39 **病史摘要**

患者昨晚独自在家,门窗关着用火炉取暖,第二天被人发现躺在床上没有动静,后叫来120救护车,经医生确诊为一氧化碳中毒导致呼吸衰竭而亡。患者10年前被医院相继诊断高血压、糖尿病、冠心病。

死因链

疾病名称	发病死亡间隔	ICD编码
Ⅰ．(a) 一氧化碳的毒性效应		T58
(b) 家庭火炉的一氧化碳意外中毒		X47.0
Ⅱ．高血压、冠心病、糖尿病	10年	
根本死因:家庭火炉的一氧化碳意外中毒		X47.0

编写分析

本例根据总原则,选择家庭火炉的一氧化碳意外中毒(第Ⅰ部分最低一行情况)为根本死因。

40 **病史摘要**

患者为儿童,在外玩耍回家,因为口渴,看到桌上有半瓶矿泉水,便拿起来喝,随后出现恶心、呕吐,家长回家确认该半瓶矿泉水其实是农药,即被送至医院救治,到医院后有肌束颤动、瞳孔明显缩小、呼吸困难、腹痛、腹泻、意识障碍等体征,虽经全力抢救,终因呼吸麻痹而死亡。

死因链

疾病名称	发病死亡间隔	ICD 编码
Ⅰ.(a) 农药中毒		T60.9
(b) 在家误服杀虫剂		X48.0
根本死因:在家误服杀虫剂		X48.0

编写分析

本例根据总原则,选择在家误服杀虫剂(第Ⅰ部分最低一行情况)为根本死因。

41 病史摘要

患者2天前采摘村头小树林里的蘑菇后回家煮蘑菇汤吃,10小时后出现无力、恶心、呕吐、腹痛,即送医院救治,医院诊断为毒蕈中毒肝病型,第二天开始出现肝功能衰竭,最后肝昏迷,休克死亡。

死因链

疾病名称	发病死亡间隔	ICD 编码
Ⅰ.(a) 昏迷	1 天	R40.2
(b) 肝衰竭	1 天	K72.9
(c) 蘑菇中毒	2 天	T62.0
(d) 毒蘑菇意外中毒	2 天	X49.0
根本死因:毒蘑菇意外中毒		X49.0

编写分析

本例根据总原则,选择毒蘑菇意外中毒(第Ⅰ部分最低一行情况)为根本死因。

42 病史摘要

患者6小时前食用河豚,开始出现手指、口唇、舌尖发麻和刺痛,5小时前有恶心、呕吐、腹痛、腹泻、四肢麻木无力、身体摇摆、走路困难,后出现呼吸困难,血压下降,昏迷,虽经全力救治,终因呼吸衰竭而亡。

死因链

疾病名称	发病死亡间隔	ICD 编码
Ⅰ.(a) 河豚毒性效应	5 小时	T61.2
(b) 食用河豚意外中毒	6 小时	X49.9
根本死因:食用河豚意外中毒		X49.9

编写分析

本例根据总原则,选择食用河豚鱼意外中毒(第Ⅰ部分最低一行情况)为根本死因。

43 病史摘要

患者半年前被诊断为肝癌,对治疗失去信心,情绪低落,1 天前在家服用敌敌畏农药自杀,送医后抢救无效死亡。

死因链

疾病名称	发病死亡间隔	ICD 编码
Ⅰ.(a) 有机磷农药中毒	1 天	T60.0
(b) 在家服用有机磷农药自杀	1 天	X68.0
Ⅱ. 肝恶性肿瘤	6 月	C22.9
根本死因:在家服用有机磷农药自杀		X68.0

编写分析

本例根据总原则,选择在家服用有机磷农药自杀(第Ⅰ部分最低一行情况)为根本死因。需注意,本例为肿瘤患者自杀,根本死因编码到自杀,不可编码到肿瘤。

44 病史摘要

患者饮酒 35 年,每天三顿,每顿半斤,近 2 年饮酒后经常发酒疯,不能正常沟通,送至医院诊断为酒精依赖、慢性酒精中毒。患者 1 天前喝酒后精神失常,自行口服农药自杀,送至医院抢救无效死亡。

死因链

疾病名称	发病死亡间隔	ICD 编码
Ⅰ.(a) 农药中毒	1 天	T60.9
(b) 家中口服农药自杀	1 天	X68.0
Ⅱ. 酒精依赖综合征	2 年	F10.2
根本死因:家中口服农药自杀		X68.0

编写分析

本例根据根本死因编码的注释,当 F10—F19(使用精神活性物质引起的精神和行为障碍),伴有提及 X60—X69(有毒物质的故意自毒)时,根本死因编码到 X60—X69。

45 病史摘要

患者 3 年前被诊断为抑郁症,2 小时前突然在家上吊自杀,被发现解救下来时已无呼吸,经村医确认因窒息死亡。

死因链

疾病名称	发病死亡间隔	ICD 编码
Ⅰ.（a）窒息	1小时	T71
（b）在家上吊自杀	2小时	X70.0
Ⅱ.抑郁症	3年	F32.9
根本死因:在家上吊自杀		X70.0

编写分析

本例根据根本死因编码的注释"很不可能的顺序"中规定,自杀(X60－X84)不应接受为"由于"任何其他原因所引起,此案例不接受抑郁症引起自杀,根本死因编码到自杀。

46　病史摘要

患者5小时前从养老院3楼跳下,120接去医院后诊断为创伤性大脑水肿,救治无效后死亡,后经当地派出所证明系跳楼自杀。

死因链

疾病名称	发病死亡间隔	ICD 编码
Ⅰ.（a）创伤性大脑水肿	5小时	S06.1
（b）在养老院跳楼自杀	5小时	X80.1
根本死因:在养老院跳楼自杀		X80.1

编写分析

本例根据总原则,选择在养老院跳楼自杀(第Ⅰ部分最低一行情况)为根本死因。

47　病史摘要

患者因长期患有各种慢性病对生活失去信心,5天前开始绝食,拒绝任何营养补充,最终因营养极度缺乏而亡。

死因链

疾病名称	发病死亡间隔	ICD 编码
Ⅰ.（a）饥饿效应	5天	T73.0
（b）绝食自杀	5天	X83.9
根本死因:绝食自杀		X83.9

编写分析

本例根据总原则,选择绝食自杀(第Ⅰ部分最低一行情况)为根本死因。

48 病史摘要

患者与人打架,被人用刀刺伤,后送医院抢救,医生诊断为左锁骨下动脉破裂,终因失血过多,休克死亡。

死因链

疾病名称	发病死亡间隔	ICD 编码
Ⅰ.（a）失血性休克		R57.1
（b）左锁骨下动脉破裂		S25.1
（c）被他人刺伤		X99.5
根本死因:被他人刺伤		X99.5

编写分析

本例根据总原则,选择被他人刺伤(第Ⅰ部分最低一行情况)为根本死因。需注意,本案例为他杀,属于"加害"范畴,编码区间为 X85－Y09。

49 病史摘要

患者1年前骑电瓶车时被小轿车撞倒后昏迷,送医院救治,诊断为颅内损伤,住院一年后死亡。

死因链

疾病名称	发病死亡间隔	ICD 编码
Ⅰ.（a）颅内损伤	1年	S06.9
（b）骑电瓶车被汽车撞倒	1年	V23.4
根本死因:机动车事故的后遗症		Y85.0

编写分析

本例中,意外事故超过1年,则假定死亡是意外事故的后遗症引起的,编码到 Y85.0(机动车事故的后遗症),易误编码到 Y86(其他事故的后遗症)。

50 病史摘要

患者3年前在家中意外跌倒,不能站立,去医院诊断为股骨颈骨折,因年纪较大恢复较慢,3年中以卧床为主,近日出现咳嗽、发热,在医院诊断为坠积性肺炎,治疗无效死亡。

死因链

疾病名称	发病死亡间隔	ICD编码
Ⅰ.（a）坠积性肺炎		J18.2
（b）股骨颈骨折	3年	S72.0
（c）在家意外跌倒	3年	W19.0
根本死因：在家意外跌倒后遗症		Y86

编写分析

本例中，意外跌倒超过1年，则假定死亡是意外跌倒的后遗症引起的，编码到Y86（其他事故的后遗症），不可编码到Y85（机动车事故的后遗症）。

第二节　常用死因编码

疾病和死亡的外因	V01—Y98
机动车辆交通事故（要说明车辆类型）	V01—V99
行人	V01—V09
骑脚踏车人员	V10—V19
骑摩托车人员	V20—V29
三轮机动车乘员	V30—V39
小汽车乘员	V40—V49
轻型货车或篷车乘员	V50—V59
重型运输车乘员	V60—V69
公共汽车乘员	V70—V79
其他陆地运输事故	V80—V89
水上运输事故	V90—V94
运输事故，未指明何种	V99
意外损伤的其他外因	W00—X59
跌倒	W00—W19
在楼梯或台阶上跌倒或跌落	W10.—
在房屋或建筑结构上跌落或跌出	W13.—

未特指情况的跌倒	W19.—
被投掷、抛出或坠落物体击中	W20.—
意外淹溺和沉没(不包括自然灾害 X34－X39、运输事故 V01－V99)	W65－W74
在自然水域中	W69.—
落入自然水域后	W70.—
未特指的淹溺和沉没	W74.—
其他对呼吸的意外威胁	W75－W84
在床上意外窒息和绞窄	W75.—
吸入或咽下食物引起的呼吸道梗阻	W79.—
吸入和咽下其他物体引起的呼吸道梗阻	W80.—
暴露于电流下	W85－W87
暴露于输电线路下	W85.—
暴露于其他特指的电流下	W86.—
暴露于未特指的电流下	W87.—
暴露于烟、火和火焰下	X00－X09
暴露于房屋或建筑结构内无控制性火焰下	X00.—
暴露于房屋或建筑结构外无控制性火焰下	X01.—
接触热和烫的物质	X10－X19
接触热饮料、食物和动植物油	X10.—
接触热自来水	X11.—
接触其他热液体(包括炉子上加热的水)	X12.—
暴露于自然力量下	X30－X39
暴露于过度自然热下(即中暑)	X30.—
暴露于过度自然冷下(即冻死)	X31.—
闪电	X33.—
有毒物质的意外中毒及暴露于该物质下	X40－X49
酒精	X45.—
一氧化碳(煤气)	X47.—
杀虫剂(包括有机磷农药、灭鼠药)	X48.—
未指明何种	X49.—
意外事故,未指明何种	X59.—

故意自害	X60－X84
酒精的故意自毒	X65.—
煤气的故意自毒	X67.—
杀虫剂的故意自毒	X68.—
未指明何种化学品故意自毒	X69.—
用悬吊、绞勒和窒息方式故意自害	X70.—
用淹溺和沉没方式故意自害	X71.—
用烟、火和火焰方式故意自害	X76.—
用尖锐物体方式故意自害（如刀等）	X78.—
用从高处跳下方式故意自害（如跳楼等）	X80.—
用机动车辆碰撞方式故意自害	X82.—
用触电方式故意自害	X83.—
用未特指的方式故意自害	X84.—
加害	X85－Y09
依法处置和作战行动	Y35－Y36

第四章　传染病和寄生虫病死因链与编码

本章注意点:我国传染病死亡报告要依据《中华人民共和国传染病防治法》开展工作,如果死亡病例死因为甲类、罕见传染病等,必须严格开展核查工作,病例诊断需完全符合国家诊断标准。应报告疾病的性质(急性、慢性)、病原体、传播方式、侵害部位等。如结核性脑膜炎、急性阿米巴痢疾、志贺菌性痢疾等。

第一节　常见死因链实例与分析

1　病史摘要

患者于15天前在一家餐厅用餐,后出现腰痛、恶心、呕吐、腹泻,一日大便3～7次不等,自服诺氟沙星后症状有所缓解,3天前再次出现腹泻、带恶臭脓血便,大便数次增至数十次,且出现烦躁不安、表情淡漠、反应迟钝等脱水症状,家人将其送到医院时已神志不清,医院诊断为细菌性食物中毒,虽全力抢救,但仍旧昏迷,1天后死亡。

死因链

疾病名称	发病死亡间隔	ICD编码
Ⅰ.(a)脱水	3天	E86
(b)细菌性食物中毒	15天	A05.9
根本死因:细菌性食物中毒		A05.9

编写分析

根据总原则,选择细菌性食物中毒(第Ⅰ部分最低一行情况)为根本死因。需注意,脱水可以认为是任何肠道传染病的一个后果,肠道传染病有霍乱、伤寒和副伤寒、细菌性痢疾等,应与食物中毒加以区别。

2 病史摘要

患者有结核病接触史,6个月前出现低热、盗汗、乏力、消瘦、咳嗽、咳痰等症状,经专科医院诊断为肺结核,服药治疗。患者1个月前出现咯血、胸痛、胸闷,未予重视,昨天再次出现大咯血,死亡。

死因链

疾病名称	发病死亡间隔	ICD编码
Ⅰ.(a)咯血	1月	R04.2
(b)肺结核	6月	A16.2
根本死因:肺结核		A16.2

编写分析

本例根据总原则,选择肺结核(第Ⅰ部分最低一行情况)为根本死因。需注意,疾病编码时,结核不包括先天性结核(P37.0)、与结核有关的尘肺(J65)、结核后遗症(B90.—)等。

3 病史摘要

患者于10天前在小路行走时被带锈铁钉刺破右脚,足部伤口出血,因伤口外口较小,未作处理。患者3天前出现头痛、张口困难、角弓反张等,经医院检查,诊断为破伤风,病情持续加重,不治身亡。

死因链

疾病名称	发病死亡间隔	ICD编码
Ⅰ.(a)破伤风	3天	A35
(b)足开放性伤口	10天	S91.3
(c)行走时脚被生锈铁钉刺破	10天	W45.4
根本死因:破伤风		A35

编写分析

本例确定根本死因时,根据根本死因编码的注释,当意外事故伴有提及破伤风时,应当将根本死因编码到破伤风。

4 病史摘要

患者2年前有不安全性接触史,6个月前,后肩胛、背部及四肢有结节性梅毒疹,医院诊断为晚期梅毒,2个月前出现疲乏、胸闷、气短、头晕等症状,医院诊断为心内膜炎。最终因抢救无效死亡。

第四章 传染病和寄生虫病死因链与编码

死因链

疾病名称	发病死亡间隔	ICD 编码
Ⅰ.（a）心内膜炎	2 月	I38
（b）晚期梅毒	6 月	A52.9
根本死因：梅毒性心内膜炎		A52.0

编写分析

根据修饰规则 D，当选择的原因以一般性术语描述了一种情况，而在证明书上用一个术语提供了这种情况在部位和性质方面更精确的信息，则优先采用这个信息更丰富的术语，本例使用该规则确定根本死因。

5　病史摘要

患者 5 年前有不安全性接触史后，在外生殖器出现无痛无痒、椭圆形、边界清晰的溃疡，继而出现腹股沟淋巴结肿大，实验室检查梅毒血清试验阳性、螺旋体抗原血清试验阳性，诊断为早期梅毒。患者 2 个月前在躯干和四肢形成有树胶肿性浸润硬结，溃疡中心遗留瘢痕，边缘继续扩延，在医院诊断为晚期梅毒，治疗无效死亡。

死因链

疾病名称	发病死亡间隔	ICD 编码
Ⅰ.（a）晚期梅毒	2 月	A52.9
（b）早期梅毒	5 年	A51.9
根本死因：晚期梅毒		A52.9

编写分析

本例根据修饰规则 E，当选择的原因是一个疾病的早期阶段，而在证明书上还报告了同一疾病的较晚阶段，则编码到较晚阶段，根据此规则确定根本死因。

6　病史摘要

患者 40 天前因腹痛在医院住院治疗，经血生化检查诊断为带状疱疹。患者出院后仍疼痛不止，卧床不起后死亡，无其他疾病史。

死因链

疾病名称	发病死亡间隔	ICD 编码
Ⅰ.（a）带状疱疹后神经痛	40 天	B02.2
（b）带状疱疹	40 天	B02.9
根本死因：带状疱疹累及其他神经系统		B02.2

编写分析

由带状疱疹引起的并发症,应该编码到带状疱疹相应并发症的"剑号"编码。需注意,"星号"编码仅做统计分析用,不能作为根本死因编码,如确定为根本死因的疾病有"星号""剑号"两个编码,需使用"剑号"编码作为根本死因的编码。

7 病史摘要

患儿,15天前出现低热、咳嗽、口痛,手足和臀部出现斑丘疹和疱疹,在传染病院诊断为手足口病。患儿3天前出现阵挛、呕吐、精神差、头痛、嗜睡、共济失调、意向性震颤、眼球震颤、惊厥等,再次入院,诊断为柯萨奇病毒脑膜炎。

死因链

疾病名称	发病死亡间隔	ICD编码
Ⅰ.(a) 柯萨奇病毒脑膜炎	3天	A87.0
(b) 手足口病	15天	B08.4
根本死因:手足口病		B08.4

编写分析

本例根据总原则,选择手足口病(第Ⅰ部分最低一行情况)为根本死因。

8 病史摘要

患者一个半月前出现发热、食欲不振、恶心、频繁呕吐、黄疸等消化道症状,实验室检查抗HAV IgM阳性,传染病院诊断为甲型肝炎,10天前黄疸进行性加深,躯干出现出血点和瘀斑,1天前出现意识障碍、行为失常和昏迷,终因抢救无效死亡。

死因链

疾病名称	发病死亡间隔	ICD编码
Ⅰ.(a) 肝昏迷	1天	K72.9
(b) 急性肝衰竭	10天	K72.0
(c) 病毒性甲型肝炎	45天	B15.9
根本死因:甲型肝炎,伴肝昏迷		B15.0

编写分析

本例确定死因链时,需注意肝炎应明确性质和分型,如病毒性甲型肝炎、病毒性乙型肝炎。根本死因根据修饰规则C联系判定。

9 病史摘要

患者15年前诊断为慢性乙型病毒性肝炎,5年前有齿龈出血、肝掌、蜘蛛痣、黄疸、腹壁静脉曲张,经医院诊断为肝硬化。患者1年前出现腹腔积液、脾肿大、门静脉内径增宽,半年前出现食管静脉曲张出血,入院治疗,迁延数月死亡。

死因链

疾病名称	发病死亡间隔	ICD编码
Ⅰ.(a)食管静脉曲张出血	6月	I85.0
(b)门静脉高压	1年	K76.6
(c)肝硬化	5年	K74.1
(d)慢性乙型病毒性肝炎	15年	B18.1
根本死因:慢性乙型病毒性肝炎		B18.1

编写分析

本例根据总原则,选择慢性乙型病毒性肝炎(第Ⅰ部分最低一行情况)为根本死因。确定死因链时,需注意肝炎应明确性质和分型。

10 病史摘要

患者35年前诊断慢性乙型肝炎,5年前有齿龈出血、肝掌、蜘蛛痣、黄疸、腹壁静脉曲张,5个月前出现智力减退、记忆下降、思维迟钝、共济失调、震颤强直、痉挛性截瘫,传染病院诊断为肝性脑病。因病情严重抢救无效死亡。

死因链

疾病名称	发病死亡间隔	ICD编码
Ⅰ.(a)肝性脑病	5月	K72.9
(b)肝硬化	5年	K74.1
(c)慢性乙型肝炎	35年	B18.1
根本死因:慢性乙型肝炎		B18.1

编写分析

本例根据总原则判定根本死因。需注意,当慢性乙型肝炎报告为肝纤维化或肝硬变(K74.0—K74.2,K74.4—K74.6)初始前因时,根本死因编码到B18.—。该死因链易误将根本死因判断为肝性脑病或肝硬化。

11 病史摘要

患者10年前有输血史,后因持续发热、虚弱、盗汗去医院就诊,查体全身淋巴结肿大,实验室检查HIV抗体阳性。患者1年前出现咳嗽、胸痛、呼吸困难、痰中带血、带状疱疹、紫斑、血疱,医院诊断肺结核、艾滋病。因病情加重死亡。

死因链

疾病名称	发病死亡间隔	ICD 编码
Ⅰ.(a) 肺结核	1 年	A16.2
(b) 艾滋病	10 年	B24
根本死因:艾滋病造成的肺结核		B20.0

编写分析

本例中,当报告了可分类在 A00－B19 的感染性疾病并提及有 B20－B24 病史时,都应认为是 B20－B24 的直接后果,进而判定根本死因。该死因链易误将根本死因判断为肺结核。

12 病史摘要

患者 3 年前有不安全性接触史,半年后出现发热、咳嗽、呼吸困难,继而出现带状疱疹、血疱、瘀血斑,医院检查 HIV 抗体阳性。患者 1 年前出现发热、干咳和呼吸急促,无活动时仍感急促,最终因呼吸衰竭而死。胸片显示两肺弥漫性肺泡病变和小叶浸润,医院诊断卡氏肺囊虫性肺炎。

死因链

疾病名称	发病死亡间隔	ICD 编码
Ⅰ.(a) 卡氏肺囊虫性肺炎	1 年	B59
(b) 艾滋病	3 年	B24
根本死因:艾滋病造成的肺囊虫性肺炎		B20.6

编写分析

本例中,当报告了可分类在 B58－B64 的感染性疾病并提及有 B20－B24 病史时,都应认为是 B20－B24 的直接后果,进而判定根本死因。该死因链易忽略艾滋病史,将直接死因和根本死因都写成肺炎。

13 病史摘要

患者 5 年前有不安全性接触史,半年后出现发热、咳嗽、呼吸困难,实验室检查 HIV 抗体阳性。患者 2 年前口腔、四肢出现红色斑疹、结节,有局部水肿、内脏损害和骨质疏松,医院诊断艾滋病造成的卡波西肉瘤。

死因链

疾病名称	发病死亡间隔	ICD 编码
Ⅰ.(a) 卡波西肉瘤	2 年	C46.9
(b) 艾滋病	5 年	B24
根本死因:艾滋病造成的卡波西肉瘤		B21.0

编写分析

本例中,当报告了可分类在 C46.—或 C81—C96 的卡波西肉瘤、柏基特淋巴瘤以及淋巴、造血和有关组织的任何其他恶性肿瘤并提及有 B20—B24 病史时,都应认为是 B20—B24 的直接后果。该死因链易误将根本死因判断为卡波西肉瘤。

14 病史摘要

患者 3 个月前因反复发作的口腔白念珠菌感染去医院就诊,查体口腔和咽部黏膜溃烂、腹股沟淋巴结肿大,实验室检查 HIV 抗体为阳性。患者 2 天前因感染性休克死亡。

死因链

疾病名称	发病死亡间隔	ICD 编码
Ⅰ.(a) 感染性休克	2 天	A41.9
(b) 艾滋病	3 月	B24
根本死因:艾滋病		B24

编写分析

本例根据总原则,选择艾滋病(第Ⅰ部分最低一行情况)为根本死因。

15 病史摘要

患者有结核病接触史,15 年前出现高热、消瘦、喷射状呕吐、精神萎靡等症状,神经系统检查浅层反射减弱、巴氏征阳性,诊断为结核性脑膜炎。患者 6 个月前出现视力及嗅觉障碍,眼球震颤,斜视,肢体瘫痪及智力障碍等,经肺科医院诊断为脑积水,治疗无效后死亡。

死因链

疾病名称	发病死亡间隔	ICD 编码
Ⅰ.(a) 脑积水	6 月	G94.0
(b) 结核性脑膜炎	15 年	A17.0
根本死因:结核性脑膜炎的后遗症		B90.9

编写分析

根据修饰规则F,当选择的原因是在本分类中提供有独立的"……的后遗症"类目的某种情况的早期形式,而且有证据表明死亡是由于这种情况的残余影响所致而不是在它的活动期,则将根本死因编码到"……的后遗症",即结核性脑膜炎的后遗症。一般疾病/损伤开始1年及以上发生的死亡被假定为后遗症引起的死亡。

16 病史摘要

患者有结核病接触史,15年前出现低热、盗汗、乏力、消瘦、咳嗽、咳痰、咯血、胸痛、胸闷等症状,10年前出现干咳、乏力、发绀、进行性呼吸困难,经肺科医院诊断肺纤维化、陈旧性肺结核,后治疗无效死亡。

死因链

疾病名称	发病死亡间隔	ICD编码
Ⅰ. (a) 肺纤维化	10年	J84.1
(b) 陈旧性肺结核	15年	A16.2
根本死因:肺结核的后遗症		B90.9

编码分析

同案例15。另外,结核病后遗症包括特指为后遗症或特指以往结核病的晚期效应,以及特指为已控制、已治愈、已痊愈、非活动性、陈旧性或静止性结核病的残留影响,除外有活动性结核病证据的情况。

17 病史摘要

患者15年前在结核病院诊断为肺结核,近1个月出现发热、头痛、呕吐、精神萎靡、淡漠、谵妄等症状,3天前头颅CT显示梗阻性脑积水,患者脑脊液细胞数增多、蛋白增高(达20 g/L)、血糖降低(1.2 mmol/L),结核病院诊断为结核性脑膜炎。

死因链

疾病名称	发病死亡间隔	ICD编码
Ⅰ. (a) 结核性脑膜炎	3天	A17.0
(b) 肺结核	15年	A16.2
根本死因:肺结核后遗症		B90.9

编写分析

本例判定根本死因时,根据根本死因编码的注释,当选择的死因A17/A18,伴有提及A15/A16时,根本死因编码到A15/A16,再根据修饰规则F(后遗症)判断根本死因为肺结核后遗症。

18 病史摘要

患者25年前感觉全身不适,肌肉和关节酸痛,躯干、四肢皮肤出现边缘整齐、触痛明显的暗红色斑块,面部呈"蝙蝠状面孔",经传染病院诊断为麻风病。患者3个月前足部出现溃疡,3天前出现发热、白细胞总数及中性粒细胞升高,血培养细菌阳性,医院诊断为败血症,后救治无效死亡。

死因链

疾病名称	发病死亡间隔	ICD 编码
Ⅰ.(a) 败血症	3 天	A41.9
(b) 足溃疡	3 月	L97
(c) 麻风病	25 年	A30.9
根本死因:麻风的后遗症		B92

编写分析

本例根据修饰规则F确定根本死因,同案例15。另外需注意,败血症一般为致死的直接原因,不作为根本原因。

19 病史摘要

患者25年前有血吸虫疫水接触史,而后出现发热、咳嗽、胸痛,县疾控(原防疫站)工作人员从其粪便中检查到血吸虫虫卵,经医院诊断为血吸虫病。患者5年前出现乏力、厌食、黄疸、血管痣、肝大等,1年前显著消瘦,出现腹水、巨脾、腹壁静脉怒张等晚期严重症状,1个月前出现食管静脉曲张出血,死亡。

死因链

疾病名称	发病死亡间隔	ICD 编码
Ⅰ.(a) 食管静脉曲张出血	1 月	I85.0
(b) 门静脉高压	1 年	K76.6
(c) 肝硬化	5 年	K74.1
(d) 血吸虫病	25 年	B65.9
根本死因:血吸虫病后遗症		B94.8

编写分析

本例中,死者疾病史明确为血吸虫病及后续影响,根据修饰规则F,判定根本死因为血吸虫病后遗症。

20 病史摘要

患者5年前有持续性发热,头痛,咽部干燥、疼痛,软腭黏膜充血,小米粒状红疹和全身不适等,经传染病院诊断为猩红热。患者3年前出现不明原因血压高、乏力、水肿、泡沫尿、大量蛋白尿、血肌酐升高,医院诊断为猩红热引起的慢性肾炎,不治身亡。

死因链

疾病名称	发病死亡间隔	ICD编码
Ⅰ.(a)慢性肾炎	3年	N03.9
(b)猩红热	5年	A38
根本死因:猩红热后遗症		B94.8

编写分析

本例中,肾炎可以假定是任何链球菌感染的一个后果,对肾炎作慢性描述意味着猩红热已不再处于活动期,应该编码到后遗症。

第二节 常用死因编码

传染病和寄生虫病	A00—B99
结核病	A15—A19
结核病第三位编码区分是否经细菌或组织学证实。经细菌或组织学证实的为A15.—,未经证实的为A16.—。有明确诊断依据的应报告。	
呼吸道结核病	A15—A16
经细菌学或组织学证实	A15.—
痰显微镜检证实	A15.0
仅痰培养证实	A15.1
组织学证实	A15.2
结核性胸膜炎,已经证实	A15.6
未经细菌学或组织学证实	A16.—
肺结核,检查阴性	A16.0
肺结核,未做检查	A16.1
肺结核,未提及检查	A16.2
结核性胸膜炎,未提及检查	A16.5
其他结核	A17—A19

神经系统的结核	A17.—
其他器官的结核	A18.—
败血症	A40—A41
败血症第三位编码用于区分不同菌种感染,链球菌引起的编码为 A40.—,葡萄球菌引起的编码为 A41.—。有明确感染菌种的应报告。	
链球菌性败血症	A40.—
未特指链球菌性败血症	A40.9
其他败血症	A41.—
未特指何种菌	A41.9
病毒性肝炎	B15—B19
病毒性肝炎编码的三、四位用于区分病程和病毒类型。报告时应报告病程为急性或慢性,病毒类型为甲型或乙型等,慢性肝炎应报告并发症。	
慢性病毒性肝炎	B18.—
慢性病毒性乙型肝炎	B18.1
慢性病毒性丙型肝炎	B18.2
其他慢性病毒性肝炎	B18.8
未特指的慢性病毒性肝炎	B18.9
艾滋病	B24

第五章 精神疾患和神经系统疾病死因链与编码

第一节 常见死因链实例与分析

本章注意点：意外损伤与癫痫发作发生联系时，根本死因选择癫痫发作。

1 病史摘要

患者 10 年前出现记忆力明显衰退，表情淡漠，在某医院做 CT 等检查确诊为大脑皮质下动脉硬化，服药治疗。近 1 年来患者逐渐出现不认识家人、幻听、骂人等现象，生活不能自理，在镇医院诊断为老年痴呆，1 个月前卧床不起，褥疮感染死亡。

死因链

疾病名称	发病死亡间隔	ICD 编码
Ⅰ.（a）褥疮感染	1 月	L89.9
（b）老年性痴呆	1 年	F03
（c）大脑皮质下动脉硬化	10 年	I67.2
根本死因：皮层下血管性痴呆		F01.2

编写分析

当 I60－I69 脑血管病、I70.9 全身性和未特指的动脉粥样硬化作为 F01－F03（痴呆）的前因时，应将根本死因编码到 F01.－（血管性痴呆）。

2 病史摘要

患者 10 年前因头晕、一侧肢体不能活动、不能言语去某医院 CT 诊断为多发性腔隙性脑梗死，治疗后好转，2 年后复查脑 CT 又出现脑萎缩，2 年前患者逐渐出现不认识家人、幻听、骂人等现象，生活不能自理，在医院诊断为老年痴呆，治疗无效死亡。

死因链

疾病名称	发病死亡间隔	ICD编码
Ⅰ．(a) 老年性痴呆	2年	F03
（b) 脑萎缩	8年	G31.9
（c) 脑梗死	10年	I63.9
根本死因：血管性痴呆		F01.9

编写分析

本例根据总原则，应选择脑梗死（第Ⅰ部分最低一行情况）为根本死因，但需注意，根据根本死因编码的注释，当脑血管病（I60－I69）报告为痴呆（F01－F03）的初始原因时，应当将根本死因编码到F01.一。

3 病史摘要

患者3年前开始出现自言自语、出门不认识回家的路等症状，在医院诊断为老年痴呆，逐渐发展为生活不能自理，卧床不起，近1年并发褥疮，7天前开始发热、咳嗽和咳痰，在医院诊断为坠积性肺炎，治疗无效死亡。患者既往有高血压病史10年，一直服用降压药治疗，控制尚可。

死因链

疾病名称	发病死亡间隔	ICD编码
Ⅰ．(a) 坠积性肺炎	7天	J18.2
（b) 多发褥疮	1年	L89.9
（c) 老年性痴呆	3年	F03
Ⅱ．高血压	10年	I10
根本死因：老年性痴呆		F03

编写分析

本例根据总原则，选择老年性痴呆（第Ⅰ部分最低一行情况）为根本死因。

注：如果根本性躯体情况已知，不使用F03－F09器质性精神障碍作为根本死因。此案例中高血压不是很好的根本死因编码，所以选择F03作为根本死因。

4 病史摘要

患者3年前开始出现自言自语、出门不认识回家的路等症状，在医院诊断为老年痴呆，逐渐发展为生活不能自理、卧床不起，3个月前并发褥疮，治疗无效死亡。

死因链

疾病名称	发病死亡间隔	ICD 编码
Ⅰ．(a) 多发褥疮	3 月	L89.9
(b) 老年性痴呆	3 年	F03
根本死因：老年性痴呆		F03

编写分析

本例根据总原则，选择老年性痴呆（第Ⅰ部分最低一行情况）为根本死因。

5 病史摘要

患者 10 年前因抑郁、焦虑有自杀倾向，在专科医院诊断为精神分裂症，长期服药，卧病在床。患者 1 个月前发热、意识模糊，转到综合性医院诊断为坠积性肺炎，治疗无效死亡。

死因链

疾病名称	发病死亡间隔	ICD 编码
Ⅰ．(a) 坠积性肺炎	1 月	J18.2
(b) 精神分裂症	10 年	F20.9
根本死因：精神分裂症		F20.9

编写分析

本例根据总原则，选择精神分裂症（第Ⅰ部分最低一行情况）为根本死因。需注意，精神病患者的诊断必须由专科医生作出，不可以推断。

6 病史摘要

患者 20 年前出现双手不自主震颤、口齿不清，在某医院诊断为帕金森病，一直服药控制，近 1 年开始不能行走，卧床不起，3 天前出现高热、咳嗽、咳痰，在某医院诊断为重症肺炎，治疗无效死亡。患者既往有糖尿病 5 年，高血压 3 年。

死因链

疾病名称	发病死亡间隔	ICD 编码
Ⅰ．(a) 重症肺炎	3 天	J18.9
(b) 帕金森病	20 年	G20
Ⅱ．糖尿病、高血压		
根本死因：帕金森病		G20

编写分析

本例根据总原则,选择帕金森病(第一部分最低一行情况)为根本死因。

7 病史摘要

患者30年前出现双手不自主震颤、动作缓慢、慌张步态,在医院诊断为帕金森病,一直服药控制。近1年来患者一直卧床,并发全身多处褥疮性溃疡,医治无效死亡。

死因链

疾病名称	发病死亡间隔	ICD编码
Ⅰ.(a) 褥疮性溃疡	1年	L89.2
(b) 帕金森病	30年	G20
根本死因:帕金森病		G20

编写分析

本例根据总原则,选择帕金森病(第Ⅰ部分最低一行情况)为根本死因。

8 病史摘要

患者高血压30年,15年前在医院做CT等检查确诊为大脑皮质下动脉硬化,服药治疗,5年前因出现双手不自主震颤、口齿不清在医院诊断为帕金森病,服药控制,近1年开始不能行走,长期卧床,半个月前出现发热、咳嗽、咳痰,在医院诊断为肺感染,治疗无效死亡。

死因链

疾病名称	发病死亡间隔	ICD编码
Ⅰ.(a) 肺部感染	15天	J98.4
(b) 帕金森病	5年	G20
(c) 大脑动脉粥样硬化	15年	I67.2
Ⅱ. 高血压	30年	I10
根本死因:血管性帕金森综合征		G21.4

编写分析

本例根据根本死因编码的注释,当大脑动脉粥样硬化(I67.2)报告为帕金森病(G20)的初始前因时,将根本死因编码到G21.4。

9 病史摘要

患者20年前在医院做CT等检查确诊为大脑皮质下动脉硬化,服药治疗,10年前因经常出现上肢震颤、手抖、动作迟缓等症状在医院诊断为继发性帕金森综合征,一直服药治疗,效果不佳,近2年来病情进展,长期卧床,1年前并发褥疮感染,半个月来因感冒出现呼吸困难而死于家中。

死因链

疾病名称	发病死亡间隔	ICD 编码
Ⅰ．(a) 褥疮感染	1 年	L89.9
(b) 继发性帕金森综合征	10 年	G21.9
(c) 大脑动脉粥样硬化	15 年	I67.2
根本死因:血管性帕金森综合征		G21.4

编写分析

本例根据根本死因编码的注释,当大脑动脉粥样硬化(I67.2)报告为继发性帕金森综合征(G21.9)的初始前因时,将根本死因编码到 G21.4。

10 病史摘要

患者 10 年前出现严重的记忆力减退、近事易忘,在某医院诊断为阿尔茨海默病,一直服药控制。近年来患者病情进展,卧床不起,1 年前并发褥疮感染。最终因病情严重抢救无效死亡。

死因链

疾病名称	发病死亡间隔	ICD 编码
Ⅰ．(a) 褥疮感染	1 年	L89.9
(b) 阿尔茨海默病	10 年	G30.9
根本死因:阿尔茨海默病		G30.9

编写分析

本例根据总原则,选择阿尔茨海默病(第Ⅰ部分最低一行情况)为根本死因。

11 病史摘要

患者 10 年前开始变得好忘事、遇事反应迟钝,在医院做 CT 检查有局限性脑萎缩。虽用药控制,病情还是逐步严重,1 年前患者出现不认识家人、不知饮食等症状,在镇医院诊断为老年痴呆,后长期卧床,褥疮感染致死。

死因链

疾病名称	发病死亡间隔	ICD 编码
Ⅰ．(a) 褥疮感染	1 年	L89.9
(b) 老年性痴呆	1 年	F03
(c) 局限性脑萎缩	10 年	G31.0
根本死因:局限性脑萎缩		G31.0

编写分析

根据根本死因编码的注释,在根本性躯体情况已知的前提下,不使用 F03—F09 作为根本死因,应当将根本死因编码至根本性躯体情况。本例中,易忽视"局限性脑萎缩"这个诊断,而将根本死因编码到老年痴呆(F03)。

12 病史摘要

患者 10 年前出现记忆力减退、情绪不稳、注意力不能集中等情况,在某医院行 CT 检查,显示有老年性脑变性,3 年前发展为老年痴呆,生活不能自理,长期卧床,1 个月前发热、咳嗽,经医院诊断为坠积性肺炎。最终因病情严重抢救无效死亡。

死因链

疾病名称	发病死亡间隔	ICD 编码
Ⅰ.(a)坠积性肺炎	1月	J18.9
(b)老年性痴呆	3 年	F03
(c)老年性脑变性	10 年	G31.1
根本死因:老年性脑变性		G31.1

编写分析

本例根据总原则,选择老年性脑变性(第Ⅰ部分最低一行情况)为根本死因。

13 病史摘要

患者男性,嗜酒 50 年,近 5 年来经常出现反应迟钝、易忘、注意力不集中、行动缓慢等现象,近 1 年来症状加重,双手颤抖、共济失调,在医院诊断为神经系统变性,间断服药治疗,效果不佳。患者 1 个月前头痛、全身乏力、咳嗽,在医院胸片提示肺部感染,因年老体弱,于昨晚在家死亡。

死因链

疾病名称	发病死亡间隔	ICD 编码
Ⅰ.(a)肺部感染	1月	J98.4
(b)酒精性神经系统变性	1 年	G31.2
(c)酒精引起的精神和行为障碍	5 年	F10.0
根本死因:酒精性神经系统变性		G31.2

编写分析

根据根本死因编码的注释,使用酒精引起的精神和行为障碍伴有提及神经系统变性的,应当将根本死因编码至酒精性神经系统变性(G31.2)。

死因链编写实例应用

14 病史摘要

患者既往有癫痫病史,1小时前在过马路时突然倒地,口吐白沫,四肢抽搐,后面一辆面包车躲避不及,直接压过去,致使患者失血性休克死亡。

死因链

疾病名称	发病死亡间隔	ICD编码
Ⅰ.(a) 失血性休克	1小时	R57.1
(b) 行人在马路上与面包车相撞	1小时	V03.1
(c) 癫痫大发作	1小时	G40.6
根本死因:癫痫大发作		G40.6

编写分析

本例中,根据根本死因编码的注释,意外事故由于癫痫发作所致,应当将根本死因编码至G40.6。如果仅提及癫痫史,当时没有发作,则把癫痫写入第Ⅱ部分,根本死因为行人在马路上与面包车相撞(V03.1)。

15 病史摘要

患者既往有癫痫病史,1小时前癫痫性惊厥发作跌倒,后脑着地致枕骨骨折,急诊抢救无效死亡。

死因链

疾病名称	发病死亡间隔	ICD编码
Ⅰ.(a) 枕骨骨折	1小时	S02.1
(b) 跌倒	1小时	W19.9
(c) 癫痫性惊厥	1小时	G40.9
根本死因:癫痫性惊厥		G40.9

编写分析

本例同上例类似,应当将根本死因编码至G40.9。如果仅提及癫痫史,当时没有发作,则把癫痫写入第Ⅱ部分,根本死因为跌倒未特指W19.9。

16 病史摘要

患者既往有癫痫病史,3小时前患者在河边除草,突然倒地,意识丧失,刚刚苏醒起身时再次发作,滚落河中溺水死亡。

死因链

疾病名称	发病死亡间隔	ICD 编码
Ⅰ．(a) 溺水	2 小时	T75.1
(b) 落入自然水域后淹溺（公共场所）	2 小时	W70.8
(c) 癫痫大发作持续状态	3 小时	G41.0
根本死因：癫痫大发作持续状态		G41.0

编写分析

编写分析：本例同上两例，应当将根本死因编码至 G41.0。如果仅有癫痫史，而当时没有大发作，则把癫痫写入第Ⅱ部分，根本死因则是落入自然水域后淹溺（公共场所）W70.8。

17 病史摘要

患者 6 年前开始出现突然倒地、口吐白沫、两眼上翻、四肢抽搐等症状，经常发作，在医院诊断为癫痫，间断服药治疗，半小时前又一次发作致窒息死亡。

死因链

疾病名称	发病死亡间隔	ICD 编码
Ⅰ．(a) 窒息	0.5 小时	R09.0
(b) 癫痫	6 年	G40.9
根本死因：癫痫		G40.9

编写分析

本例根据总原则，选择癫痫（第Ⅰ部分最低一行情况）为根本死因。

18 病史摘要

患者男性，42 岁，患原发性癫痫 20 年，一直服用抗癫痫药物治疗，2 小时前突然倒地，意识丧失，全身持续抽搐。20 分钟前 120 急救医生到场时，患者已心搏骤停，经心肺复苏抢救无效死亡。

死因链

疾病名称	发病死亡间隔	ICD 编码
Ⅰ．(a) 癫痫大发作	2 小时	G41.0
(b) 癫痫	20 年	G40.9
根本死因：癫痫		G40.9

编写分析

本例根据总原则，选择癫痫（第Ⅰ部分最低一行情况）为根本死因。

19 病史摘要

患者 20 年前出现斜视、咀嚼无力、声音嘶哑等症状,在医院诊断为重症肌无力,一直服药治疗。患者 1 个月前因急性上呼吸道感染,肌无力突然加重,出现呼吸困难,呼吸衰竭而死。

死因链

疾病名称	发病死亡间隔	ICD 编码
Ⅰ.(a)急性上呼吸道感染	1 月	J06.9
(b)重症肌无力	20 年	G70.0
根本死因:重症肌无力		G70.0

编写分析

本例根据总原则,选择重症肌无力(第Ⅰ部分最低一行情况)为根本死因。

第二节 常用死因编码

精神和行为障碍	F00—F99
精神障碍应由专科医院及专业医生作出诊断。	
未特指的痴呆	F03
神经系统疾病	G00—G99
细菌性脑膜炎(不包括传染病菌引起的脑膜炎)	G00.—
其他和未特指原因引起的脑膜炎	G03.—
非化脓性	G03.0
慢性	G03.1
未指出性质及原因	G03.9
脑炎、脊髓炎和脑脊髓炎	G04.—
帕金森病	G20
阿尔茨海默病性痴呆	G30.—
早期发病(65 岁以前)	G30.0
晚期发病(65 岁以后)	G30.1
局限性脑萎缩	G31.0

第六章 呼吸系统疾病死因链与编码

第一节 常见死因链实例与分析

本章注意点:应填写疾病的性质、部位、病原体及其他致病的原因。(1)肺炎:由病原体引起的,应尽量填写引起肺炎的病原体。(2)慢性支气管炎、肺气肿、哮喘:要区分慢性支气管炎哮喘和哮喘性支气管炎。并发肺源性心脏病、肺性脑病而死亡的,应将所有诊断按疾病发生的时间顺序全部报告。

1 病史摘要

患者男性,1个月前上呼吸道感染后出现声嘶、喉痛、咳嗽多痰,在医院诊断为急性喉炎,服消炎药治疗。患者2天前出现喉喘鸣、呼吸困难伴窒息,医生诊断为急性喉水肿引起窒息,经抢救无效死亡。

死因链

疾病名称	发病死亡间隔	ICD 编码
Ⅰ.(a)窒息	2天	R09.0
(b)急性喉水肿	2天	J38.4
(c)急性喉炎	1月	J04.0
根本死因:急性喉炎		J04.0

编写分析

本例根据总原则,选择急性喉炎(第Ⅰ部分最低一行情况)为根本死因。本例易误将根本死因判断为导致窒息的严重原因——急性喉水肿。

2 病史摘要

患者女性,1个月前患流行性感冒,高热、头痛、全身乏力,自行买药服用,7天前剧烈咳嗽,在医院听诊肺部湿啰音,拍胸片提示两肺有散在的絮状阴影(肺炎),

经治疗无效,于昨晚死亡。

死因链

疾病名称	发病死亡间隔	ICD 编码
Ⅰ．(a) 肺炎	7 天	J18.9
(b) 流行性感冒	1 月	J11.8
根本死因:流行性感冒伴有肺炎		J11.0

编写分析

本例中,流行性感冒报告为肺炎的初始前因时,应当将根本死因编码到 J11.0。本例易误将根本死因编码到 J18.9 或 J11.8。

3 病史摘要

患者女性,2 个月前患急性上呼吸道感染、咳嗽、咽痛,服用消炎药治疗,10 天前突然高热、寒战、咳铁锈色痰,在医院经 CT 诊断为大叶性肺炎,2 天前病情加重,休克而亡。

死因链

疾病名称	发病死亡间隔	ICD 编码
Ⅰ．(a) 大叶性肺炎	10 天	J18.1
(b) 急性上呼吸道感染	2 月	J06.9
根本死因:大叶性肺炎		J18.1

编写分析

本例中,根据根本死因编码的注释,当急性上呼吸道感染报告为大叶性肺炎的初始前因时,编码到 J18.1。本例易误将根本死因编码到 J06.9。

4 病史摘要

患者女性,因年老体弱长期卧床 5 年,2 年前咳嗽咳痰,在医院 X 线诊断为坠积性肺炎,1 个月前发热,体温一直维持在 38.5 ℃左右,经治疗无效,死于家中。

死因链

疾病名称	发病死亡间隔	ICD 编码
Ⅰ．(a) 发热	1 月	R50.9
(b) 坠积性肺炎	2 年	J18.2
根本死因:坠积性肺炎		J18.2

编写分析

本例根据总原则,选择坠积性肺炎(第Ⅰ部分最低一行情况)为根本死因。需要注意,坠积性肺炎常常是很多慢性病导致的后遗症,如有慢性疾病长期卧床引起的坠积性肺炎,应将慢性疾病报告出来,根本死因编码到该慢性疾病。

5 病史摘要

患者女性,23 年前因咳嗽、发热伴乏力,在医院经 X 线诊断为慢性支气管炎,半个月前出现发热、咳嗽,在医院胸部 X 线检查诊断为急性支气管炎,最终因年老体弱死于家中。

死因链

疾病名称	发病死亡间隔	ICD 编码
Ⅰ．(a) 急性支气管炎	15 天	J20.9
(b) 慢性支气管炎	23 年	J42
根本死因:慢性支气管炎		J42

编写分析

本例根据根本死因编码的注释,急性支气管炎伴有提及慢性支气管炎时,应当将根本死因编码到 J42。

6 病史摘要

患者男性,20 年来长期咳嗽、咳痰,在医院诊断为慢性支气管炎,3 年前病情进展,出现气急、活动后心悸,医生诊断为肺心病。患者最近几天胸闷伴呼吸困难,住院治疗,经治疗无效并发心衰死亡。患者高血压病史 6 年。

死因链

疾病名称	发病死亡间隔	ICD 编码
Ⅰ．(a) 肺心病	3 年	I27.9
(b) 慢性支气管炎	20 年	J42
Ⅱ．高血压	6 年	I10
根本死因:慢性支气管炎		J42

编写分析

本例应注意,肺心病伴有提及慢性支气管炎而未提及肺气肿时,应当将根本死因编码到 J42。

7 病史摘要

患者男性,20年前因长期咳嗽、咳痰、发热伴乏力,在医院经CT检查诊断为慢性阻塞性肺病,1个月前出现发热、咳嗽,在医院胸部X线检查诊断为肺炎,住院输液消炎治疗,效果不佳,最终因年老体弱在家中死亡。

死因链

疾病名称	发病死亡间隔	ICD编码
Ⅰ.(a) 肺炎	1月	J18.9
(b) 慢性阻塞性肺病	20年	J44.9
根本死因:慢性阻塞性肺病伴有急性下呼吸道感染		J44.0

编写分析

本例根据根本死因编码的注释,慢性阻塞性肺病伴有提及肺炎(J12—J18)、其他下呼吸道感染(J20—J22)时,将根本死因编码到J44.0。

8 病史摘要

患者男性,长期吸烟,20年前有咳嗽、咳痰等症状,去医院检查,诊断为慢性支气管炎,15年前病情进展引起肺气肿,5年前出现活动后心悸伴双下肢水肿,去医院诊断为肺心病。患者3天前胸闷难受,未就诊,于家中死亡。

死因链

疾病名称	发病死亡间隔	ICD编码
Ⅰ.(a) 肺心病	5年	I27.9
(b) 肺气肿	15年	J43.9
(c) 慢性支气管炎	20年	J42
根本死因:慢性阻塞性肺病(其他特指)		J44.8

编写分析

本例是慢支—肺气肿—肺心病的典型案例,根据根本死因编码的注释,未特指的慢性支气管炎伴有提及肺气肿(J43.—)、其他慢性阻塞性肺病(J44.—),编码到J44.—。

9 病史摘要

患者女性,患慢性支气管炎30年,哮喘、肺气肿10年,1周前咳喘加重伴发热,在医院诊断为肺部感染、肺气肿,予以抗感染治疗,症状无明显好转,后死于家中。

死因链

疾病名称	发病死亡间隔	ICD编码
Ⅰ.（a）肺部感染	1周	J98.4
（b）肺气肿	10年	J43.9
（c）哮喘	10年	J45.9
（d）慢性支气管炎	30年	J42
根本死因：慢性阻塞性肺病（其他特指）		J44.8

编写分析

本例根据根本死因编码的注释，慢性支气管炎（J42）报告为哮喘（J45）的初始前因时，应当将根本死因编码到J44.—。

10 病史摘要

患者男性，18年前因咳嗽伴乏力，在医院经X线检查诊断为慢性支气管炎，病情一直反复，2年前出现气急、憋喘伴咳嗽，在医院胸部CT检查诊断为肺气肿，最终因呼吸衰竭在家死亡。

死因链

疾病名称	发病死亡间隔	ICD编码
Ⅰ.（a）肺气肿	2年	J43.9
（b）慢性支气管炎	18年	J42
根本死因：慢性阻塞性肺病		J44.8

编写分析

本例根据根本死因编码的注释，慢性支气管炎伴有提及肺气肿（J43.—）、其他慢性阻塞性肺病（J44.—），应当将根本死因编码到J44.—。

11 病史摘要

患者男性，20年前在医院经CT检查诊断为慢性阻塞性肺病，1个月前出现咳嗽、发热，在医院胸部X线检查诊断为急性支气管炎，输液消炎治疗，效果不佳，最终因年老体弱在家中死亡。

死因链

疾病名称	发病死亡间隔	ICD编码
Ⅰ.（a）急性支气管炎	1月	J20.9
（b）慢性阻塞性肺病	20年	J44.8
根本死因：慢性阻塞性肺病（其他特指）		J44.8

编写分析

本例根据根本死因编码的注释,急性支气管炎(J20.—)伴有提及慢性阻塞性肺病(J44.—)时,应当将根本死因编码到J44.8。

12 病史摘要

患者男性,20年来经常咳嗽、咳痰,去医院检查诊断为慢性阻塞性肺病,15天前突然出现呼吸困难、胸痛,并伴有明显的发绀,经X线诊断为气胸,今晨突然病情加重,急性呼衰死亡。

死因链

疾病名称	发病死亡间隔	ICD编码
Ⅰ.(a)气胸	15天	J93.9
(b)慢性阻塞性肺病	20年	J44.9
根本死因:慢性阻塞性肺病		J44.9

编写分析

本例根据总原则,选择慢性阻塞性肺病(第Ⅰ部分最低一行情况)为根本死因。

13 病史摘要

患者男性,有矽尘作业史,8年前因咳嗽、咳痰伴胸痛去医院就诊,经职业病鉴定机构诊断为尘肺,5年前并发肺结核,一直服药治疗,近期病情加重,呼吸衰竭死亡。

死因链

疾病名称	发病死亡间隔	ICD编码
Ⅰ.(a)肺结核	5年	A16.2
(b)肺尘埃沉着病	8年	J64
根本死因:与结核有关的肺尘埃沉着病		J65

编写分析

本例根据根本死因编码的注释,当尘肺伴有提及肺结核时,应当将根本死因编码到J65。

14 病史摘要

患者女性,15年前因咳嗽、发热伴乏力去医院经相关检查诊断为间质性肺炎,病情一直反复,3个月前憋喘伴咳脓血痰,经胸部CT检查诊断为坏死性支气管肺炎,最终呼吸衰竭,在家中死亡。

死因链

疾病名称	发病死亡间隔	ICD编码
Ⅰ．(a) 坏死性支气管肺炎	3月	J18.0
(b) 间质性肺炎	15年	J84.9
根本死因：间质性肺炎		J84.9

编写分析

本例根据总原则，选择间质性肺炎（第Ⅰ部分最低一行情况）为根本死因。

第二节　常用死因编码

呼吸系统疾病	J00—J98
禽流感	J09
流感，病毒未标明	J11.1
肺炎	J12—J18
病毒性肺炎（除流感病毒外）	J12.—
腺病毒性	J12.0
呼吸道合胞病毒	J12.1
副流感病毒	J12.2
其他病毒	J12.8
未指出何种病毒	J12.9
细菌性肺炎	J13—J15
肺炎（未特指）	J18.—
大叶性肺炎未特指	J18.1
坠积性肺炎未特指	J18.2
未特指的肺炎	J18.9
慢性支气管炎	J42
肺气肿	J43.—
其他特指的慢性阻塞性肺气肿	J44.8
哮喘	J45.—

哮喘持续状态	J46
支气管扩张	J47
成人呼吸窘迫综合征	J80
肺脓肿和纵隔脓肿	J85.—
气胸	J93.—
张力性气胸	J93.0
其他自发性气胸	J93.1
其他气胸	J93.8
气胸,未指明性质	J93.9
其他胸膜情况	J94.—
血气胸	J94.2
胸膜腔积液	J94.8

第七章　消化系统疾病死因链与编码

第一节　常见死因链实例与分析

本章注意点：应同时报告疾病的性质、部位及并发症等。溃疡要明确报告部位，不要笼统写为"上消化道"；慢性肝病和肝硬化应尽量报告更早的原因。

1　病史摘要

患者10天前由于舌体僵硬、运动受限、吞咽困难、口齿不清，在医院诊断为口底蜂窝织炎，入院治疗，2天前因败血症死亡。

死因链

疾病名称	发病死亡间隔	ICD编码
Ⅰ．(a) 败血症	2天	A41.9
(b) 口底蜂窝织炎	5天	K12.2
根本死因：口底蜂窝织炎		K12.2

编写分析

该病例病情发展迅猛，短期内因严重感染去世。需注意，败血症大多数时候是致死的直接原因，一般都由基础疾病引起，需要将引起败血症的更早疾病报告出来作为根本死因，本例中，引起败血症的疾病——口底蜂窝织炎可以作根本死因。

2　病史摘要

患者20年前经常在饭后腹痛，1～2小时后缓解，至下餐进食后又腹痛，在医院确诊为胃溃疡。患者1个月前突发腹痛、发热、呕血、黑便，送至医院医治，体格检查病人有腹壁压痛、反跳痛、肌紧张等腹膜炎症状，板状腹，肝浊音区缩小，X线检查膈下游离气体，确诊为胃溃疡穿孔、上消化道出血，积极治疗无效死亡。患者无其他慢病史。

死因链编写实例应用

死因链

疾病名称	发病死亡间隔	ICD编码
Ⅰ．(a) 上消化道出血	1月	K25.4
(b) 胃穿孔	1月	K25.5
(c) 胃溃疡	20年	K25.7
根本死因：胃溃疡伴有出血和穿孔		K25.6

编写分析

本例根据修饰规则C，应当将根本死因确定为K25.6。本例易忽略病史胃溃疡，而将死因直接判定为上消化道出血。

3 病史摘要

患者1个月前因呕血、黑便在医院诊断为十二指肠溃疡出血，给予药物治疗，病情好转。患者10天前饭后突发腹痛，呈刀割样，面色苍白，出冷汗，伴恶心、呕吐，送至医院救治，体格检查呈强迫体位，腹部压痛、反跳痛，呈"板状腹"，休克状态，经X线立位腹部平片检查显示膈下可见半月形的游离气体影，确诊为十二指肠穿孔、继发性腹膜炎，积极治疗无效死亡。患者有冠心病史。

死因链

疾病名称	发病死亡间隔	ICD编码
Ⅰ．(a) 继发性腹膜炎	10天	K65.0
(b) 十二指肠穿孔	10天	K26.1
(c) 急性十二指肠溃疡出血	1月	K26.0
Ⅱ．冠心病		I25.1
根本死因：急性十二指肠溃疡伴有出血和穿孔		K26.2

编写分析

根据发病至死亡的时间间隔，确定十二指肠溃疡是急性还是慢性，一般3个月内为急性，确定第四位编码为.0。根据修饰规则C确定根本死因。

4 病史摘要

患者经常有腹胀、恶心、嗳气症状，20年前在医院诊断为慢性胃炎，5年前经常出现餐后腹痛，诊断为胃溃疡，服药治疗，7天前饭后腹部剧痛，恶心、呕吐，送至医院救治，体格检查有腹壁压痛、反跳痛、肌紧张等腹膜炎症状，板状腹，肝浊音区缩小，X线检查膈下游离气体，确诊为胃溃疡穿孔，积极治疗无效死亡。患者无高血压、糖尿病、肿瘤等病史。

死因链

疾病名称	发病死亡间隔	ICD 编码
Ⅰ.（a）胃穿孔	7 天	K25.1
（b）胃溃疡	5 年	K25.9
（c）慢性胃炎	20 年	K29.5
根本死因：慢性胃炎		K29.5

编写分析

本例根据总原则，选择慢性胃炎（第Ⅰ部分最低一行情况）为根本死因。本例如未提及胃炎，根本死因可以编码到慢性胃溃疡伴穿孔（K25.5）。

5 病史摘要

患者 10 年前左腹部有肿块，活动后突出明显，在医院诊断为左腹股沟疝，因动脉回流受阻引起左足感染坏疽，经常复发。患者 1 个月前突发腹痛、发热、呕吐送至医院检查，心跳加快，白细胞增高，出现感染性休克，诊断败血症，积极治疗无效死亡。

死因链

疾病名称	发病死亡间隔	ICD 编码
Ⅰ.（a）败血症	1 月	A41.9
（b）左腹股沟疝伴有坏疽	10 年	K40.4
根本死因：左腹股沟疝伴有坏疽		K40.4

编写分析

本例根据总原则，选择左腹股沟疝伴有坏疽为根本死因。需注意，败血症大多数时候是致死的直接原因，一般都有基础疾病而不能作为根本死因。

6 病史摘要

患者 5 年前左腹部有肿块，活动后突出明显，在医院诊断为左腹股沟疝，经常复发。患者 5 天前突发腹痛、发热、呕吐，送至医院检查，白细胞增高，电解质紊乱等，诊断多脏器衰竭，感染性休克，积极治疗无效死亡。

死因链

疾病名称	发病死亡间隔	ICD 编码
Ⅰ.（a）感染性休克	5 天	A41.9
（b）左腹股沟疝	5 年	K40.9
根本死因：左腹股沟疝		K40.9

编写分析

判定根本死因时,感染性休克、败血症导致的死亡必须追溯到引起感染性休克、败血症的最早疾病,并将该疾病作为根本死因。本例根据总原则,选择左腹股沟疝作为根本死因。

7 病史摘要

患者5年前右腹部肿块,活动后突出明显,在医院诊断为右侧股疝,经常复发。患者5天前突发持续性剧烈腹痛、呕吐,送至医院检查有明显腹膜刺激征,X线立位腹平片表现为固定孤立的肠襻,诊断肠梗阻,给予手术治疗,效果不佳死亡。

死因链

疾病名称	发病死亡间隔	ICD 编码
Ⅰ.(a) 肠梗阻	5 天	K56.7
（b) 右侧股疝	5 年	K41.9
根本死因:股疝伴有梗阻		K41.3

编写分析

本例根据修饰规则C,股疝提及梗阻的,应该在死因链的直接死因中填写,不能遗漏,并将根本死因编码到K41.3。

8 病史摘要

患者10年前因发热、腹痛、腹泻、腹部肿块在医院诊断为克罗恩病,反复发作,形成瘘管,近年来逐渐加重,营养不良,消瘦,5个月前在医院诊断为低蛋白血症,行手术治疗后效果不佳死亡。

死因链

疾病名称	发病死亡间隔	ICD 编码
Ⅰ.(a) 低蛋白血症	5 月	E77.8
（b) 克罗恩病(局限性肠炎)	10 年	K50.9
根本死因:克罗恩病		K50.9

编写分析

本例根据总原则,选择克罗恩病(第Ⅰ部分最低一行情况)为根本死因。需注意,克罗恩病包括肉芽肿性肠炎,但不包括溃疡性结肠炎(K51.—)。

9 病史摘要

患者1个月前突发持续性剧烈腹痛、呕吐,送至医院检查有明显腹膜刺激征,X线立位腹平片表现为固定孤立的肠襻,诊断肠梗阻,给予肠切除手术治疗,术后经常腹痛,5天前出现发热、腹痛、恶心、呕吐,直至休克状态,送至医院诊断为腹膜炎、感染性中毒休克,积极抢救效果不佳死亡。

死因链

疾病名称	发病死亡间隔	ICD编码
Ⅰ.(a)感染性休克	2天	A41.9
(b)肠切除术后腹膜炎	5天	K65.0
(c)肠梗阻	1月	K56.7
根本死因:肠梗阻		K56.7

编写分析

本例根据编码注释规则,在证明书上提及了手术适应的原发疾病,将根本死因编码到该手术名称所指明的器官或部位。如果提及是手术意外所致,则应编码到Y60—Y69。

10 病史摘要

患者1个月前突然腹痛,被家人送至医院,诊断为肠溃疡引起的肠穿孔,后入院治疗,病情不见好转,昨天上午出院,后在家出现昏迷,于当天晚上7点死亡。

死因链

疾病名称	发病死亡间隔	ICD编码
Ⅰ.(a)昏迷	1天	R40.2
(b)肠穿孔	1月	K63.1
(c)肠溃疡	1月	K63.3
根本死因:肠溃疡		K63.3

编写分析

本例根据总原则,选择肠溃疡作为根本死因。需注意,病史描述为肠溃疡一般默认为小肠溃疡,不包括结肠溃疡(K51.—)、直肠溃疡(K62.6)、十二指肠溃疡(K26.—),报告时应尽量具体到解剖部位。

11 病史摘要

患者长期酗酒,10年前因体重减轻、食欲不振、腹痛、乏力在医院B超诊断为酒精性肝硬化。患者7天前腹部疼痛、呕血,行胃镜检查诊断为胃出血,治疗效果不佳死亡。

死因链编写实例应用

死因链

疾病名称	发病死亡间隔	ICD 编码
Ⅰ．(a) 胃出血	7 天	K25.4
(b) 酒精性肝硬变	10 年	K70.3
根本死因：酒精性肝硬变		K70.3

编写分析

根据编码规则，未特指的肝病如果提及"使用酒精"的，应编成酒精性肝病（K70.—）。根本死因根据总原则判定。

12 病史摘要

死者长期饮酒，15年前因体重减轻、食欲不振、腹痛、乏力在医院B超诊断为酒精性肝硬化，5个月前腹胀、腹痛，诊断为肝腹水，治疗效果不佳死亡。

死因链

疾病名称	发病死亡间隔	ICD 编码
Ⅰ．(a) 肝腹水	5 月	R18
(b) 酒精性肝硬变	15 年	K70.3
根本死因：酒精性肝硬变		K70.3

编写分析

同例 11。

13 病史摘要

患者经常于饱餐、进食油腻食物后腹痛，20天前突发腹部绞痛，向背部放射，在医院B超检查诊断为胆囊结石、胆囊炎，积极治疗，15天前出现巩膜、皮肤黄疸，积极救治，2天前病情加重，导致休克昏迷，治疗无效死亡。

死因链

疾病名称	发病死亡间隔	ICD 编码
Ⅰ．(a) 休克	2 天	R57.9
(b) 黄疸	15 天	R17
(c) 胆囊结石伴有急性胆囊炎	20 天	K80.0
根本死因：胆囊结石伴有急性胆囊炎		K80.0

编写分析

胆囊结石编码时需注意，如伴有急性胆囊炎编码至K80.0，不伴有胆囊炎编码至K80.2，伴有胆管炎编码至K80.3。根本死因根据总原则判定。

14 病史摘要

患者18年前因经常于饱餐、进食油腻食物后腹痛,在医院B超检查诊断为胆囊结石,反复发作,9天前突发发热、腹痛、黄疸,送至医院,B超检查诊断为急性梗阻性化脓性胆管炎,3天前病情加重导致感染性休克,治疗无效死亡。患者有抑郁症病史。

死因链

疾病名称	发病死亡间隔	ICD编码
Ⅰ．(a) 感染性休克	3天	A41.9
(b) 急性梗阻性化脓性胆管炎	9天	K83.0
(c) 胆囊结石	18年	K80.2
Ⅱ．抑郁症		
根本死因:胆囊结石伴有胆管炎		K80.1

编写分析

本例根据修饰规则C,确定根本死因为胆囊结石伴有胆管炎。胆石症伴有或不伴有相关疾病,第四位编码不一样,同上例。

15 病史摘要

患者5年前因右上腹痛、进食油腻食物后加重在某医院诊断为胆囊炎。患者1年前因恶心、呕吐,右上腹绞痛,呈阵发性加剧,并向背部放射,在医院B超检查诊断为胆管结石,反复发作,一直保守治疗,效果不佳死亡。

死因链

疾病名称	发病死亡间隔	ICD编码
Ⅰ．(a) 胆管结石	1年	K80.5
(b) 胆囊炎	5年	K81.9
根本死因:胆管结石伴有胆囊炎		K80.4

编写分析

同例14。

16 病史摘要

患者5天前突发腹部剧痛、高热、精神萎靡,送至医院救治,体格检查全腹膨隆,压痛及反跳痛,血尿淀粉酶升高,腹腔穿刺诊断为急性出血性坏死性胰腺炎,积极治疗,效果不佳,2天前患者呼吸急促、口唇发绀、昏迷,诊断为急性呼吸窘迫综合征,不治身亡。

死因链编写实例应用

死因链

疾病名称	发病死亡间隔	ICD 编码
Ⅰ.(a) 急性呼吸窘迫综合征	2 天	J80
(b) 急性出血性坏死性胰腺炎	5 天	K85.0
根本死因:急性出血性坏死性胰腺炎		K85.0

编写分析

本例死因链顺序合理。根据总原则判定其根本死因为急性出血性坏死性胰腺炎。

第二节 常用死因编码

消化系统疾病	K00—K92
胃和十二指肠溃疡	K25—K27

注意:报告溃疡时应尽量报告病程是急性还是慢性,是否伴有出血或穿孔等并发症。

胃溃疡	K25.—
急性,伴有出血	K25.0
急性,伴有穿孔	K25.1
急性,伴有出血和穿孔	K25.2
急性,不伴有出血或穿孔	K25.3
慢性或未特指的,伴有出血	K25.4
慢性或未特指的,伴有穿孔	K25.5
慢性或未特指的,伴有出血和穿孔	K25.6
慢性,不伴有出血或穿孔	K25.7
未特指为急性或慢性,不伴有出血或穿孔	K25.9
十二指肠溃疡	K26.—
第四位编码同胃溃疡	
消化性溃疡,部位未特指	K27.—
包括:胃十二指肠,消化性溃疡,未指明部位	
第四位编码同胃溃疡	

阑尾疾病	K35—K37
急性阑尾炎	K35.—
伴腹膜炎/破裂	K35.0
伴有腹膜脓肿	K35.1
未指明性质,或不伴有以上情况	K35.9
其他阑尾炎(慢性/复发性)	K36
未指明急慢性的阑尾炎	K37
肠梗阻	K56.—
无力(麻痹)性肠梗阻	K56.0
肠套叠	K56.1
肠扭转	K56.2
胆石性肠梗阻	K56.3
肠的其他嵌塞(肠结石等)	K56.4
肠粘连,伴有梗阻	K56.5
肠梗阻,未指明性质	K56.7
腹膜炎	K65.—
急性腹膜炎(脓肿)	K65.0
其他腹膜炎	K65.8
腹膜炎,未指明性质	K65.9
肝疾病	K70—K77
酒精性肝病	K70.—
酒精性脂肪肝	K70.0
酒精性肝炎	K70.1
酒精性肝纤维化和硬化	K70.2
酒精性肝硬变	K70.3
酒精性肝衰竭	K70.4
酒精性肝病,未特指性质	K70.9
肝纤维化和肝硬变	K74.—
肝纤维化	K74.0
肝硬变	K74.1
肝纤维化,伴硬变	K74.2

原发性胆汁性肝硬变	K74.3
继发性胆汁性肝硬变	K74.4
未特指的胆汁型肝硬变	K74.5
其他和未特指的肝硬变	K74.6
其他炎性肝脏疾病	K75.—
肝脓肿	K75.0
门静脉炎	K75.1
肝炎未特指	K75.9
胆囊、胆道和胰腺疾患	K80—K87
胆石症	K80.—
胆囊结石,伴急性胆囊炎	K80.0
胆囊结石,伴其他胆囊炎	K80.1
胆囊结石,不伴有胆囊炎	K80.2
胆管结石,伴有胆管炎	K80.3
胆管结石,伴胆囊炎	K80.4
胆管结石,不伴有胆管或胆囊炎	K80.5
其他胆石症	K80.8
胆囊炎	K81.—
急性胆囊炎	K81.0
慢性胆囊炎	K81.1
其他胆囊炎	K81.8
胆囊炎,未指明性质	K81.9
急性胰腺炎	K85
胰腺疾病,未指明性质	K86.9
胃肠出血,未指明原因	K92.2

第八章　内分泌、泌尿系统疾病死因链与编码

第一节　常见死因链实例与分析

本章注意点:报告糖尿病时要报告糖尿病的类型及并发症。

1 病史摘要

患者20年前因体重减少、怕热出汗去医院诊断为甲状腺功能亢进症,15年前因心律失常在医院诊断为甲亢性心脏病,于医院住院治疗15天好转后出院,但近年来病情逐渐加重,最终因治疗无效去世。

死因链

疾病名称	发病死亡间隔	ICD编码
Ⅰ.(a)甲亢性心脏病	15年	I43.8
(b)甲状腺功能亢进症	20年	E05.9
根本死因:甲状腺毒性心脏病		E05.9

编写分析

本例中,甲状腺毒性心脏病(I43.8)是带有"星号"的编码,只能作为临床表现,不能作为根本死因。根据规则,当根本死因为"星号"编码时,需转换为对应的"剑号"编码,E05.9是"剑号"编码,用作本例的根本死因。

2 病史摘要

患者既往患胰岛素依赖型糖尿病20年,一直用胰岛素治疗。患者一周前,因突发意识障碍及呼气中有烂苹果味,送至医院,诊断为酮症酸中毒,对症处理后抢救无效死亡。患者既往无其他慢病史。

死因链

疾病名称	发病死亡间隔	ICD 编码
Ⅰ.（a）酮症酸中毒	7 天	E10.1
（b）胰岛素依赖型糖尿病	20 年	E10.9
根本死因：胰岛素依赖型糖尿病伴酮症酸中毒		E10.1

编写分析

本例根据修饰规则 C，选择糖尿病伴酮症酸中毒为根本死因。需注意，糖尿病诊断尽量明确分型。

3 病史摘要

患者既往患胰岛素依赖型糖尿病 30 年，一直胰岛素控制，10 年前因双下肢水肿在医院诊断为糖尿病肾病，5 年前因双下肢水肿、尿少在医院诊断为尿毒症。患者既往无其他慢病史。

死因链

疾病名称	发病死亡间隔	ICD 编码
Ⅰ.（a）尿毒症	5 年	N19
（b）糖尿病肾病	10 年	E10.2
（c）胰岛素依赖型糖尿病	30 年	E10.9
根本死因：胰岛素依赖型糖尿病伴肾的并发症		E10.2

编写分析

本例中，患者疾病进展明确，根据修饰规则 C，选择糖尿病伴肾病为根本死因。需注意，糖尿病第四位编码根据并发症情况（伴有昏迷.0；伴有酮症酸中毒.1；伴有肾的并发症.2；伴有眼的并发症.3；伴有神经的并发症.4；伴有周围循环并发症.5；不伴有并发症.9）确定。

4 病史摘要

患者有非胰岛素依赖型糖尿病 20 年，一直药物控制，10 余天前因低血糖性昏迷住院治疗，5 天前出现发热、咳嗽等症状，经 CT 摄片诊断为肺部感染，后病情加重死亡。患者既往无其他慢病史。

第八章 内分泌、泌尿系统疾病死因链与编码

死因链

疾病名称	发病死亡间隔	ICD 编码
Ⅰ.（a）肺部感染	5 天	J98.4
（b）低血糖性昏迷	10 天	E11.0
（c）非胰岛素依赖型糖尿病	20 年	E11.9
根本死因：非胰岛素依赖型糖尿病伴昏迷		E11.0

编写分析

糖尿病性昏迷包括高渗性昏迷、低血糖性昏迷和高血糖性昏迷，第四位编码都应编至.0。需注意，R40 也是昏迷的编码，但是不可用于编码糖尿病引起的昏迷。

5 病史摘要

患者既往患非胰岛素依赖型糖尿病 20 年，间断服用降糖药治疗，血糖控制不佳，2 年前并发双下肢溃疡，6 个月前足部感染加重，并发高热，近期病情加重，于医院治疗无效死亡。

死因链

疾病名称	发病死亡间隔	ICD 编码
Ⅰ.（a）败血症	6 月	A41.9
（b）非胰岛素依赖型糖尿病伴有双下肢溃疡	2 年	E11.5
（c）非胰岛素依赖型糖尿病	20 年	E11.9
根本死因：非胰岛素依赖型糖尿病伴周围循环并发症		E11.5

编写分析

糖尿病伴有坏疽、周围血管病和溃疡的，第四位编码都应编至.5。需注意，本例中败血症是由溃疡引起的，只作为临床表现，不作为根本死因。

6 病史摘要

患者既往患冠心病 8 年，非胰岛素依赖型糖尿病 5 年，血糖一直控制不好，6 个月前因突发头昏、头痛、肢体偏瘫去医院就诊，查 CT 示脑梗死，后长期卧床，10 天前并发坠积性肺炎，治疗无效死亡。

死因链

疾病名称	发病死亡间隔	ICD 编码
Ⅰ.（a）坠积性肺炎	10 天	J18.2
（b）脑梗死	6 月	I63.9
（c）非胰岛素依赖型糖尿病	5 年	E11.9
Ⅱ.冠心病	8 年	I25.1
根本死因：非胰岛素依赖型糖尿病伴特指的并发症		E11.6

编写分析

本例中,患者既有冠心病,又有糖尿病,但是冠心病发病时间在糖尿病之前,不认为冠心病是糖尿病的并发症,所以将冠心病放至第Ⅱ部分。因为血糖一直控制不好,脑梗死报告为糖尿病所引起的疾病应被作为可能的顺序予以接受。

7 病史摘要

患者既往患非胰岛素依赖型糖尿病20年,间断服用降糖药治疗,血糖控制不佳,5年前因自感胸闷、心悸在医院诊断为冠心病,出院后仍未规律服药,2天前突发心前区绞痛伴大汗淋漓,去医院经心电图诊断为心肌梗死,经抢救无效死亡。

死因链

疾病名称	发病死亡间隔	ICD编码
Ⅰ.(a) 心肌梗死	2天	I21.9
(b) 冠心病	5年	I25.1
(c) 非胰岛素依赖型糖尿病	20年	E11.9
根本死因:非胰岛素依赖型糖尿病伴有特指的并发症		E11.6

编写分析

患者有糖尿病史20年,且一直控制不佳,冠心病和心肌梗死可以看作是糖尿病的大血管并发症,根据修饰规则C,将根本死因编码至E11.6。

8 病史摘要

患者患非胰岛素依赖型糖尿病20年,20天前在家中因头晕突然跌倒,出现昏迷,送医院,经CT检查诊断为脑出血,近2天出现多器官衰竭,治疗无效死亡。

死因链

疾病名称	发病死亡间隔	ICD编码
Ⅰ.(a) 脑内出血	20天	I61.9
(b) 非胰岛素依赖型糖尿病	20年	E11.9
根本死因:非胰岛素依赖型糖尿病伴有特指的并发症		E11.6

编写分析

脑内出血可看作是急性或终末期循环系统疾病,报告为由于糖尿病所引起的并发症应被作为可能的顺序予以接受。根本死因根据修饰规则C判定。

第八章 内分泌、泌尿系统疾病死因链与编码

9 病史摘要

患者患非胰岛素依赖型糖尿病 30 年，5 年前诊断为冠心病，2 个月前因着凉后咳嗽、咳痰去医院诊治，胸片提示肺部感染，予口服药治疗效果不佳，病情逐渐加重，后医治无效死亡。患者既往有高血压病史 10 年。

死因链

疾病名称	发病死亡间隔	ICD 编码
Ⅰ．(a) 肺部感染	2 月	J98.4
(b) 冠心病	5 年	I25.1
(c) 非胰岛素依赖型糖尿病	30 年	E11.9
Ⅱ．高血压	10 年	I10
根本死因：非胰岛素依赖型糖尿病伴多个并发症		E11.7

编写分析

患者有糖尿病、高血压两种慢性病，糖尿病病史远长于高血压，冠心病和肺部感染可以认为是糖尿病不同系统的并发症，所以将根本死因编码至 E11.7，而把高血压放至第Ⅱ部分。也可以将高血压放在第Ⅰ部分，糖尿病放在第Ⅱ部分，由临床医生根据病情决定。

10 病史摘要

患者既往患非胰岛素依赖型糖尿病 10 年，间断服用降糖药治疗，血糖控制不佳，2 年前因恶心、呕吐、嗜睡 1 天在医院诊断为非胰岛素依赖型糖尿病酮症酸中毒，出院后仍未规律服药，6 个月前再次出现昏迷现象在医院住院治疗，治疗效果不佳，近期因病情加重，治疗无效死亡。

死因链

疾病名称	发病死亡间隔	ICD 编码
Ⅰ．(a) 昏迷	6 月	E11.0
(b) 酮症酸中毒	2 年	E11.1
(c) 非胰岛素依赖型糖尿病	10 年	E11.9
根本死因：非胰岛素依赖型糖尿病伴多个并发症		E11.7

编写分析

本例中，病史依进展顺序明确伴有两种并发症，应根据修饰规则 C 将根本死因编码至 E11.7。

11 病史摘要

患者既往患非胰岛素依赖型糖尿病20年,5年前,因突发视物不清送至医院,诊断为糖尿病性白内障,1年前双下肢出现坏疽,最近几日不饮食,经抢救无效死亡。

死因链

疾病名称	发病死亡间隔	ICD编码
Ⅰ.(a) 糖尿病双下肢坏疽	1年	E11.5
(b) 糖尿病性白内障	5年	E11.3
(c) 非胰岛素依赖型糖尿病	20年	E11.9
根本死因:非胰岛素依赖型糖尿病伴多个并发症		E11.7

编写分析

本例中,病史依进展顺序明确伴有两种并发症,应根据修饰规则C将根本死因编码至E11.7。

12 病史摘要

患者30年前(幼年)患严重的骨软化未得到有效治疗,15年前出现严重的脊柱侧弯、鸡胸、O型腿。患者2个月前出现发热、咳嗽、咳痰,在医院诊断为支气管肺炎,后经医治无效死亡。

死因链

疾病名称	发病死亡间隔	ICD编码
Ⅰ.(a) 支气管肺炎	2月	J18.0
(b) 脊柱侧弯	15年	M41.9
(c) 幼年的骨软化(活动性佝偻病)	30年	E55.0
根本死因:佝偻病后遗症		E64.3

编写分析

活动性佝偻病是佝偻病的早期形式,本例中有证据表明死亡是由于佝偻病引起的脊柱侧弯所致而不是在它的活动期,应将根本死因编码到佝偻病的后遗症。

13 病史摘要

患者2年前出现走路不稳、说话声音嘶哑,在当地医院治疗无效后,转至上海的医院,经铜代谢相关生化检查和脑部MRI检查等确诊为肝豆状核变性,一直服药治疗。患者3天前出现下肢水肿、血尿,在医院诊断为急性肾衰,治疗无效死亡。

死因链

疾病名称	发病死亡间隔	ICD 编码
Ⅰ.（a）急性肾衰竭	3 天	N17.9
（b）肝豆状核变性（威尔逊病）	2 年	E83.0
根本死因：铜代谢紊乱		E83.0

编写分析

肝豆状核变性又称为威尔逊病，是一种铜代谢紊乱疾病，铜在体内沉积可以引起肝硬化、肾损害等。本例病史明确，根据总原则，选择铜代谢紊乱（第Ⅰ部分最低一行情况）为根本死因。

14 病史摘要

患者 15 天前出现血尿、少尿、水肿、呼吸困难，送至医院检查，诊断为急性心衰、急性肾衰竭、急性肾炎综合征，积极治疗效果不佳死亡。

死因链

疾病名称	发病死亡间隔	ICD 编码
Ⅰ.（a）急性肾衰竭	15 天	N17.9
（b）急性肾炎综合征	15 天	N00.9
根本死因：急性肾炎综合征		N00.9

编写分析

本例根据总原则，选择急性肾炎综合征（第Ⅰ部分最低一行情况）为根本死因。

15 病史摘要

患者 1 个月前因四肢无力、尿少在人民医院经生化检查诊断为急进型肾炎综合征，住院治疗，好转后出院，最近十余天症状进一步加重，2 天前意识模糊，大小便失禁，在医院经生化检查诊断为急性肾衰竭，治疗无效死亡。

死因链

疾病名称	发病死亡间隔	ICD 编码
Ⅰ.（a）急性肾衰竭	1 月	N17.9
（b）急进型肾炎综合征	1 月	N01.9
根本死因：急进型肾炎综合征		N01.9

编写分析

本例根据总原则，选择急进型肾炎综合征（第Ⅰ部分最低一行情况）为根本死因。

16 病史摘要

患者 3 年前上呼吸道感染后,出现头晕、乏力、水肿、血尿、蛋白尿、血压升高,在医院诊断为急性肾小球肾炎,积极对症治疗,效果一般,肾脏功能受损,2 年前继发为慢性肾小球肾炎,医治效果不佳死亡。

死因链

疾病名称	发病死亡间隔	ICD 编码
Ⅰ．(a) 慢性肾小球肾炎	2 年	N03.9
(b) 急性肾小球肾炎	3 年	N00.9
根本死因:慢性肾小球肾炎		N03.9

编写分析

根据根本死因编码的注释,当急性肾小球肾炎(N00.—)报告为慢性肾小球肾炎(N03.—)的初始前因时,将根本死因编码到 N03.—。需注意,本例不适用修饰规则 E,不适用修饰规则 E 的此类疾病还包括白血病、支气管炎这两种疾病。本例易犯的另一个错误是遗漏慢性肾炎病史,而选择尿毒症作为根本死因。

17 病史摘要

患者 12 年前出现水肿、血尿、蛋白尿、高血压,在医院诊断为慢性肾炎,反复发作,近期乏力、食欲缺乏,症状加重,肾功能急剧下降,并发尿毒症死亡。

死因链

疾病名称	发病死亡间隔	ICD 编码
Ⅰ．(a) 尿毒症	3 月	N19
(b) 慢性肾炎	12 年	N03.9
根本死因:慢性肾炎		N03.9

编写分析

本例根据总原则,选择慢性肾炎(第Ⅰ部分最低一行情况)为根本死因。

18 病史摘要

患者 15 年前出现蛋白尿、低蛋白血症、高度水肿、高脂血症,在医院诊断为肾病综合征,一直积极治疗,近期情况加重,肾功能衰竭,于 15 天前进行肾移植手术,术后心脏衰竭,引发心源性休克,抢救无效死亡。

第八章　内分泌、泌尿系统疾病死因链与编码

死因链

疾病名称	发病死亡间隔	ICD 编码
Ⅰ.（a）心源性休克	10 天	R57.0
（b）肾移植术后	15 天	Z94.0
（c）肾病综合征	15 年	N04.9
根本死因：肾病综合征		N04.9

编写分析

根据死亡原因记录的解释,对于有明确的手术理由的操作,根本死因编码到疾病本身,本例符合该原则。若提及在手术和医疗中病人的意外事故,则将根本死因编码至 Y60—Y69。

19 病史摘要

患者 10 年前因腰部酸痛、乏力、水肿,伴有多尿、尿急、尿痛,在医院诊断为慢性肾盂肾炎,2 年前肾脏功能受损严重,引发慢性肾脏衰竭,近期症状加重,治疗效果不佳死亡。

死因链

疾病名称	发病死亡间隔	ICD 编码
Ⅰ.（a）慢性肾衰竭	2 年	N18.9
（b）慢性肾盂肾炎	10 年	N11.9
根本死因：慢性肾盂肾炎		N11.9

编写分析

本例根据总原则,选择慢性肾盂肾炎（第Ⅰ部分最低一行情况）为根本死因。

20 病史摘要

患者 2 年前因腰痛、血尿在医院 B 超检查,诊断为肾结石,反复发作,10 天前突发少尿、昏迷,诊断为急性肾衰竭,积极治疗无效死亡。

死因链

疾病名称	发病死亡间隔	ICD 编码
Ⅰ.（a）急性肾衰竭	10 天	N17.9
（b）肾结石	2 年	N20.0
根本死因：肾结石		N20.0

编写分析

本例根据总原则,选择肾结石(第Ⅰ部分最低一行情况)为根本死因。

21 病史摘要

患者20年前因尿频、排尿无力、血尿,在医院诊断为前列腺增生,反复发作,10天前突发尿潴留,在医院救治,效果不佳,症状加重,5天前引发尿毒症,治疗无效死亡。

死因链

疾病名称	发病死亡间隔	ICD编码
Ⅰ.(a)尿毒症	5天	N19
(b)尿潴留	10天	R33
(c)前列腺增生	20年	N40
根本死因:前列腺增生		N40

编写分析

本例根据总原则,选择前列腺增生(第Ⅰ部分最低一行情况)为根本死因。

第二节 常用死因编码

内分泌、营养和代谢疾病	E00—E90
糖尿病	E10—E14

注意:报告糖尿病时应尽量报告糖尿病的类型及并发症,我国常见的是非胰岛素依赖型糖尿病(Ⅱ型糖尿病)。

胰岛素依赖型	E10.—
非胰岛素依赖型	E11.—
未特指类型	E14.—
第四位数为并发症,分别为	
伴有昏迷	.0
伴有酮症酸中毒	.1
伴有肾的并发症	.2
伴有眼的并发症	.3

伴有神经的并发症(如肌萎缩)	.4
伴有周围循环并发症(如坏疽、溃疡)	.5
伴有其他特指的并发症(如关节病)	.6
伴有多个并发症	.7
伴有未特指的并发症	.8
不伴有并发症	.9
营养不良	E40—E46

注意：此处营养不良不包括肠吸收不良(K90.—)、营养性贫血(D50—D53)、饥饿(T73.0)。

未特指的营养不良	E46
泌尿生殖系统疾病	N00—N99
肾小球疾病	N00—N08
急性肾炎综合征(包括急性肾小球病、肾小球肾炎、肾炎、肾病)	N00.—
急进型肾炎综合征(包括急进型肾小球病、肾小球肾炎、肾炎)	N01.—
肾病综合征	N04
第四位编码是对形态学改变的分类,分别为	
轻微的肾小球异常	.0
局灶性和节段性肾小球损害	.1
弥漫性膜性肾小球肾炎	.2
弥漫性肾小球膜性增生性肾小球肾炎	.3
弥漫性毛细血管内增生性肾小球肾炎	.4
弥漫性肾小球膜毛细血管性肾小球肾炎	.5
密集沉积物病	.6
弥漫性新月形肾小球肾炎	.7
其他	.8
未特指	.9
肾小管-间质疾病	N10—N16
急性肾小管-间质肾炎(包括急性传染性间质肾炎、肾盂炎、肾盂肾炎)	N10

慢性肾小管-间质肾炎（包括慢性传染性间质肾炎、肾盂炎、肾盂肾炎）	N11.—
与反流有关的非阻塞性慢性肾盂肾炎	N11.0
慢性阻塞性肾盂肾炎	N11.1
其他慢性阻塞性肾盂肾炎	N11.8
慢性肾小管-间质肾炎，未指明性质	N11.9
肾小管-间质肾炎，未特指急性或慢性	N12
肾衰竭	N17—N19
急性肾衰竭	N17.—
急性肾衰竭，伴有肾小管坏死	N17.0
急性肾衰竭，伴有急性肾皮质坏死	N17.1
急性肾衰竭，伴有肾髓质坏死	N17.2
其他急性肾衰竭	N17.8
急性肾衰竭，未指明性质	N17.9
慢性肾衰竭（包括慢性尿毒症）	N18.—
肾终末期疾病	N18.0
其他慢性肾衰竭	N18.8
未特指的慢性肾衰竭	N18.9
未特指的肾衰竭（包括尿毒症，未指出原因）	N19
尿石病	N20—N23
肾和输尿管结石	N20.—
肾结石	N20.0
输尿管结石	N20.1
肾结石伴有输尿管结石	N20.2
泌尿系结石，未指出何处	N20.9
男性生殖器官疾病	N40—N51
前列腺增生（包括肥大）	N40

第九章 皮肤、肌肉、骨骼系统疾病

第一节 常见死因链实例与分析

本章注意点:当一个琐细情况被报告为引起任何其他情况时,则不要抛弃琐细情况,选择该琐细情况为根本死因。

1 病史摘要

患儿为新生儿,10天前于面部、手部出现水疱,疱周围有炎性红晕,疱膜较薄、易破,随后出现黄色脓液,在医院就诊,根据脓液细菌培养及药敏试验诊断为新生儿天疱疮,积极治疗,7天前高热不退,病情发展迅速,治疗无效死亡。

死因链

疾病名称	发病死亡间隔	ICD编码
Ⅰ.(a)高热	7天	R50.9
(b)新生儿天疱疮	10天	L00
根本死因:新生儿天疱疮		L00

编写分析

本例中,发热是临床表现,不作为根本死因。需注意,天疱疮可以引起新生儿死亡,但一般不会引起大于1岁的人群死亡。根据总原则选择新生儿天疱疮作为根本死因。

2 病史摘要

患儿为学龄前儿童,2个月前于面部、四肢出现水疱,水疱迅速变成脓疱,有痒感,在医院脓液细菌培养为金黄色葡萄球菌,诊断为脓疱性皮炎,积极治疗,效果不明显,面积不断扩大,溃散糜烂,7天前发热,精神萎靡,诊断为败血症,不治身亡。

死因链

疾病名称	发病死亡间隔	ICD编码
Ⅰ．(a) 败血症	7天	A41.9
(b) 脓疱性皮炎	2月	L01.1
根本死因：其他皮肤病的脓疱化（脓疱性皮炎）		L01.1

编写分析

根据编码规则，当一个琐细情况被报告为引起任何其他情况，则不要抛弃琐细情况，即不适用修饰规则 B，本例根据总原则选择脓疱性皮炎为根本死因。

3 病史摘要

患者因扁桃体肥大，引起呼吸、吞咽、语言等功能障碍，去医院行扁桃体切除术，术中因大出血死亡。

死因链

疾病名称	发病死亡间隔	ICD编码
Ⅰ．(a) 扁桃体切除术中出血		T81.0
(b) 扁桃体肥大		J35.1
根本死因：扁桃体肥大进行治疗的有害反应		Y60.0

编码分析

本例提及的死亡是治疗琐细情况的一个有害反应的结果，根本死因选择这个有害反应。

4 病史摘要

患者20年前因关节肿胀疼痛、畸形，在医院诊断为类风湿性关节炎。患者3年前因胸闷、气短在医院检查诊断为类风湿性心肌炎，近日病情加重，于家中死亡。

死因链

疾病名称	发病死亡间隔	ICD编码
Ⅰ．(a) 类风湿性心肌炎	3年	I41.8
(b) 类风湿性关节炎	20年	M06.9
根本死因：类风湿性关节炎，累及其他器官和系统		M05.3

编码分析

根据修饰规则 C，当选择的原因与证明书上用于伴有一个或多个其他情况时的根本死因编码的注释有联系时，则编码到联合情况。需注意，I41.8带有星号，不作为根本死因编码，M05.3带有剑号，可作为根本死因编码。

第九章 皮肤、肌肉、骨骼系统疾病

5 病史摘要

患者20年前因关节肿胀疼痛、畸形,在医院诊断为类风湿性关节炎,积极对症治疗,一直反复发作,近年来加重,X线检查关节间隙减小,膝关节功能严重受损,卧床不起,5个月前并发坠积性肺炎,治疗无效死亡。

死因链

疾病名称	发病死亡间隔	ICD编码
Ⅰ.(a)坠积性肺炎	5月	J18.2
(b)类风湿性关节炎	20年	M06.9
根本死因:类风湿性关节炎		M06.9

编写分析

本例根据总原则,选择类风湿性关节炎(第Ⅰ部分最低一行情况)为根本死因。

6 病史摘要

患者痛风15年,尿酸一直偏高,全身多发性痛风结节,2年前因全身水肿在医院检查,诊断为肾衰竭,长期透析治疗,近日病情加重,无尿,多器官衰竭,于家中死亡。

死因链

疾病名称	发病死亡间隔	ICD编码
Ⅰ.(a)肾衰竭	2年	N18.9
(b)痛风	15年	M10.9
根本死因:痛风		M10.9

编写分析

本例根据总原则,选择痛风(第Ⅰ部分最低一行情况)为根本死因。

7 病史摘要

患者3年前因发热、乏力、倦怠、皮肤出现瘙痒红疹在医院诊断为系统性红斑狼疮,5个月前出现胸痛、胸闷,心超检查发现心包积液、心腔增大,并发狼疮性心包炎,3个月前心功能下降,心脏衰竭,积极治疗,效果不佳死亡。

死因链

疾病名称	发病死亡间隔	ICD编码
Ⅰ.(a)心功能不全	3月	I50.9
(b)狼疮性心包炎	5月	I32.8
(c)系统性红斑狼疮	3年	M32.9
根本死因:系统性红斑狼疮累及心脏		M32.1

编写分析

本例根据修饰规则C,当选择的原因与证明书上用于伴有一个或多个其他情况时的根本死因编码的注释有联系时,则将根本死因编码到联合情况。

8 病史摘要

患者5年前因发热、乏力、倦怠、皮肤出现瘙痒红疹,在医院诊断为系统性红斑狼疮,1年前出现水肿、蛋白尿、血尿等症状,诊断为尿毒症,积极治疗,效果不佳死亡。

死因链

疾病名称	发病死亡间隔	ICD编码
Ⅰ.(a)尿毒症	1年	N19
(b)红斑狼疮	5年	M32.9
根本死因:系统性红斑狼疮累及肾		M32.1

编写分析

同上例。

9 病史摘要

患者20年前因腰痛、背痛、关节活动受限在医院诊断为强直性脊柱炎,10年前出现胸痛、胸闷,诊断为主动脉瓣关闭不全,5年前出现头晕、乏力、心悸气短、呼吸困难,诊断为心功能不全,因骨骼严重畸形治疗效果不佳死亡。

死因链

疾病名称	发病死亡间隔	ICD编码
Ⅰ.(a)心功能不全	5年	I50.9
(b)主动脉瓣关闭不全	10年	I35.1
(c)强直性脊柱炎	20年	M45
根本死因:强直性脊柱炎		M45

编写分析

根据总原则选择根本死因。需注意,主动脉瓣病变是强直性脊柱炎的关节外症状,因此,需将强直性脊柱炎放在第Ⅰ部分最低一行,而不应该放在第Ⅱ部分。

10 病史摘要

患者10年前腰背疼痛,向脊柱扩散,久立、久坐后疼痛加剧,驼背,在医院诊断为骨质疏松,2个月前在家中上厕所时摔倒,去医院拍片检查,诊断为股骨骨折,卧床不起,治疗效果不佳死亡。

死因链

疾病名称	发病死亡间隔	ICD 编码
Ⅰ.（a）病理性股骨骨折	2月	M80.9
（b）在家中上厕所时摔倒	2月	W01.0
（c）骨质疏松症	10年	M81.9
根本死因：未特指的骨质疏松伴有病理性骨折		M80.9

编写分析

本例中，易误将根本死因判断为摔倒。事实上，在家中上厕所时摔倒是由于骨质疏松造成的，所以根本死因为骨质疏松而不是摔倒。

第二节 常用死因编码

肌肉骨骼系统和结缔组织疾病	M00—M99
炎性多关节病	M05—M14
血清反应阳性的类风湿性关节炎	M05.—
类风湿性关节炎，累及其他器官和系统	M05.3
血清反应阳性的类风湿性关节炎，未指明性质	M05.9
其他类风湿性关节炎	M06.—
血清反应阴性的类风湿性关节炎	M06.0
炎性多关节病	M06.4
未特指的类风湿性关节炎	M06.9
痛风	M10.—
特发性痛风	M10.0
药物性痛风	M10.2
肾功能损害引起的痛风	M10.3
其他继发性痛风	M10.4
未特指的痛风	M10.9
未特指的关节炎	M13.9
系统性结缔组织疾患	M30—M36

系统性红斑狼疮	M32.—
系统性红斑狼疮,累及器官或系统	M32.1
其他形式的系统性红斑狼疮	M32.8
系统性红斑狼疮,未指明性质	M32.9
骨密度和结构的疾患	M80—M85
骨质疏松伴有病理性骨折	M80.—
绝经后	M80.0
卵巢切除术后	M80.1
失用性	M80.2
手术后吸收不良性	M80.3
药物性	M80.4
特发性	M80.5
其他	M80.8
未特指的骨质疏松	M80.9
骨质疏松不伴有病理性骨折	M81.—
第四位编码,同上	
病理性骨折,未指明性质	M84.4

第十章　围产围生期疾病死因链与编码

第一节　常见死因链实例与分析

本章注意点:孕产妇死亡是指处在妊娠期或妊娠终止后 42 天之内的妇女,不论妊娠期长短和受孕部位,任何与妊娠处理有关的或因此而加重了的原因导致的死亡,不包括由于意外或偶然原因导致的死亡。

1 病史摘要

患者女性,1 个月前妊娠,自感腹部隐痛,有少量阴道出血,2 天前突感剧烈腹痛,阴道出血增多,送至医院救治,诊断为异位妊娠、宫外孕破裂出血,手术抢救,1 天前因出血量较多导致血容量不足性休克而死亡。

死因链

疾病名称	发病死亡间隔	ICD 编码
Ⅰ.(a) 血容量不足性休克	1 天	R57.1
(b) 宫外孕破裂出血	2 天	O08.1
(c) 异位妊娠	1 月	O00.9
根本死因:异位妊娠		O00.9

编写分析

根据总原则,选择异位妊娠为根本死因。需注意,宫外孕破裂出血(O08.—)作为疾病的临床表现,不能作为根本死因,根本死因选择疾病本身。

2 病史摘要

患者为孕妇,妊娠 39 周,2 个月前因头痛、蛋白尿、血压 190/120 mmHg,在医院诊断为妊娠重度高血压,孕期有子痫惊厥史,一直保守治疗,积极抢救无效死亡。

死因链

疾病名称	发病死亡间隔	ICD 编码
Ⅰ.（a）子痫惊厥		O15.0
（b）妊娠重度高血压	2月	O14.1
根本死因：妊娠子痫		O14.1

编码分析

根据修饰规则 E，当选择的原因是一个疾病的早期阶段，而在证明书上还报告了同一疾病的较晚阶段，根本死因选择较晚阶段。

3 病史摘要

患者妊娠 39 周，分娩滞产超 24 小时，进行剖宫产手术，术后突发出血，积极抢救无效死亡。

死因链

疾病名称	发病死亡间隔	ICD 编码
Ⅰ.（a）术后出血		T81.0
（b）剖宫产术		O75.4
（c）滞产		O63.9
根本死因：滞产		O63.9

编写分析

本例中，直接死因为术后出血，但是因手术有明确理由，则将根本死因编码为产科手术的理由——滞产。滞产一般指产程超过 24 小时。

4 病史摘要

患者因分娩后胎盘滞留，产后 1 天大出血，导致休克死亡。

死因链

疾病名称	发病死亡间隔	ICD 编码
Ⅰ.（a）失血性休克	1天	R57.1
（b）产后出血	1天	O72.2
（c）胎盘滞留	1天	O72.1
根本死因：胎盘滞留		O72.1

编写分析

本例根据总原则，选择胎盘滞留为根本死因。需注意，本例撰写死因链时易误将产后出血编码到产伤未特指(P15.9)。

5 病史摘要

患者妊娠 40 周,在医院行剖宫产术,术后突发羊水栓塞,积极抢救无效死亡。

死因链

疾病名称	发病死亡间隔	ICD 编码
Ⅰ．(a) 羊水栓塞		O88.1
(b) 剖宫产术		O75.4
根本死因：剖宫产术		O75.4

编写分析

本例根据总原则选择剖宫产术为根本死因。若临床医师能明确手术理由,则死因链更加完整,根本死因可编码至该理由。

6 病史摘要

患者妊娠 32 周,未作产前检查,腹痛、出血,医院急诊入院,既往有肝硬化和慢性乙型病毒性肝炎史。产科接产发现孕妇全身黄染,弥漫性血管内凝血,胎盘早剥,胎死宫内,积极抢救无效死亡。

死因链

疾病名称	发病死亡间隔	ICD 编码
Ⅰ．(a) 孕产期弥漫性血管内凝血	8 天	O45.0
(b) 胎盘早期剥离		O45.9
Ⅱ．慢性乙型病毒性肺炎、肝硬化、胎死宫内		
根本死因：胎盘早期剥离		O45.9

编写分析

本例根据总原则,选择胎盘早期剥离为根本死因。

7 病史摘要

婴儿(男或女),出生 5 天,早产,出生时在医院诊断为脐带绕颈,因轻度窒息死亡。

死因链编写实例应用

死因链

疾病名称	发病死亡间隔	ICD 编码
Ⅰ.（a）新生儿轻度窒息	2 天	P21.1
（b）脐带绕颈	5 天	P02.5
Ⅱ.早产儿	5 天	P07.3
根本死因：脐带绕颈		P02.5

编写分析

本例根据总原则，选择脐带绕颈（第Ⅰ部分最低一行情况）为根本死因。

8 病史摘要

婴儿（男或女），出生 1 个月，早产，7 天前出现呼吸急促、口唇青紫，伴呼气性呻吟、吸气性三凹征，并进行性加重，在医院诊断为新生儿呼吸窘迫综合征，最终死亡。

死因链

疾病名称	发病死亡间隔	ICD 编码
Ⅰ.（a）新生儿呼吸窘迫综合征	7 天	P22.0
（b）早产儿	1 月	P07.3
根本死因：新生儿呼吸窘迫综合征		P22.0

编写分析

本例根据总原则，应选择早产为根本死因，但应注意与孕期短和低出生体重有关的疾患（P07.—）如果报告了围生儿死亡的任何其他原因，则不使用此编码，此例报告了新生儿呼吸窘迫综合征，故不用 P07.3 作为根本死因。

9 病史摘要

婴儿（男或女），出生 36 小时，在医院诊断为新生儿吸入胎粪，最终因呼吸衰竭死亡。

死因链

疾病名称	发病死亡间隔	ICD 编码
Ⅰ.（a）新生儿呼吸衰竭	36 小时	P28.5
（b）新生儿吸入胎粪	36 小时	P24.0
根本死因：新生儿吸入胎粪		P24.0

第十章 围产围生期疾病死因链与编码

编写分析

本例根据总原则,选择新生儿吸入胎粪(第Ⅰ部分最低一行情况)为根本死因。

10 病史摘要

婴儿,男,出生4个月,早产,2个月前检查出支气管肺发育不良,治疗效果不佳,今日死亡。

死因链

疾病名称	发病死亡间隔	ICD编码
Ⅰ.(a)支气管肺发育不良	2月	P27.1
(b)早产儿	4月	P07.3
根本死因:起源于围生期的支气管肺发育不良		P27.1

编写分析

根据总原则,应选择早产为根本死因,但应注意,P07.—如果报告了围生儿死亡的任何其他原因,则不使用此编码,此例报告了支气管肺发育不良,故不用P07.3。需注意,超过28天的婴儿死亡,如果医生认为其致死疾病的起源是在新生儿期,仍应报告为围生期疾患;超过一周岁的幼儿不再考虑新生儿期的情况。

11 病史摘要

婴儿(男或女),出生7天,在医院行CT检查诊断为新生儿颅内出血,并发脑疝死亡。

死因链

疾病名称	发病死亡间隔	ICD编码
Ⅰ.(a)脑疝	7天	G93.5
(b)新生儿颅内出血	7天	P52.9
根本死因:新生儿颅内出血		P52.9

编写分析

根据总原则,选择新生儿颅内出血为根本死因。需注意,胎儿和新生儿颅内非创伤性出血(包括缺氧或低氧引起的颅内出血)编码到P52.—,不能编码到I62.9(非创伤性颅内出血),胎儿和新生儿由于损伤引起的颅内出血分别编码为P10.—(产伤)、P00.5(母体)、S06.—(其他)。

12 病史摘要

婴儿(男或女),10天前在医院诊断为新生儿硬肿症,7天前出现弥漫性血管内凝血,死亡。

死因链

疾病名称	发病死亡间隔	ICD 编码
Ⅰ.（a）弥漫性血管内凝血	7 天	P60
（b）新生儿硬肿症	10 天	P83.0
根本死因：新生儿硬肿症		P83.0

编写分析

本例根据总原则，选择新生儿硬肿症（第Ⅰ部分最低一行情况）为根本死因。

13 病史摘要

幼儿，一年前在医院出生时诊断为先天性脑畸形，1天前出现昏迷后死亡。

死因链

疾病名称	发病死亡间隔	ICD 编码
Ⅰ.（a）昏迷	1 天	R40.2
（b）先天性脑畸形	1 年	Q04.9
根本死因：先天性脑畸形		Q04.9

编写分析

本例，需注意，出生后只要是活产，有随意肌的运动、有心跳、呼吸等，不管时间多短，都必须作为活产报告。根本死因根据总原则判定。

14 病史摘要

患儿（男或女），2年前在医院行心超检查诊断为先天性室间隔缺损，造成心脏扩大、心律不齐，治疗效果不明显，导致死亡。

死因链

疾病名称	发病死亡间隔	ICD 编码
Ⅰ.（a）心律不齐	2 年	I49.9
（b）心脏扩大	2 年	Q21.0
（c）先天性室间隔缺损	2 年	Q21.0
根本死因：先天性室间隔缺损		Q21.0

编写分析

根据总原则，选择先天性室间隔缺损为根本死因。需注意，先天性疾病是一出生就有的疾病，不包括后天发生的，本例如是后天性室间隔缺损，则编码至I51.0。

第十章　围产围生期疾病死因链与编码

15　病史摘要

患儿(男或女),在医院出生 2 小时后行心超检查,诊断为先天性心脏病,1 小时前出现心搏骤停,抢救无效死亡。

死因链

疾病名称	发病死亡间隔	ICD 编码
Ⅰ．(a) 心搏骤停	1 小时	I46.9
(b) 先天性心脏病	2 小时	Q24.9
根本死因:先天性心脏病		Q24.9

编写分析

根据总原则,选择先天性心脏病为根本死因。需注意,年龄大于 60 岁的先天性心脏病属于小概率事件,需进一步核实,追溯死亡的根本原因。

16　病史摘要

患者因反复胸闷、心悸、气急 20 余年,经医院诊断为先天性动脉导管未闭,在医院进行支持治疗,一年前病情加重出现房颤,自己主动要求出院后死亡。患者既往有糖尿病史 10 年。

死因链

疾病名称	发病死亡间隔	ICD 编码
Ⅰ．(a) 房颤	1 年	I48
(b) 先天性动脉导管未闭	20 年	Q25.0
Ⅱ．糖尿病	10 年	E14.9
根本死因:先天性动脉导管未闭		Q25.0

编写分析

根据总原则,选择先天性动脉导管未闭为根本死因。需注意,本例中死者为成年人,先天性疾病诊断时间较久远,必须有医院的明确诊断,否则作慢性疾病心脏病报告。

17　病史摘要

患者(男或女),在医院行血管造影和 CT 检查诊断为先天性入脑前血管动脉畸形,在医院进行入脑前血管动脉畸形栓塞术,2 天前出现脑疝后死亡。

死因链编写实例应用

死因链

疾病名称	发病死亡间隔	ICD编码
Ⅰ.（a）脑疝	2天	G93.5
（b）先天性入脑前血管动脉畸形		Q28.0
根本死因：先天性入脑前血管动脉畸形		Q28.0

编写分析

本例死因链提及手术，判断根本死因时，因证明书上提及实行该手术的适应情况，则将根本死因编码到该手术的适应情况。如明确提及死亡是因手术意外所致，则编码到Y60—Y69，如提及死亡是手术异常反应所致，则编码到Y83—Y84。

18 病史摘要

患儿10个月（男或女），在医院行B超检查，诊断为先天性胆管闭锁，并发梗阻性黄疸后死亡。

死因链

疾病名称	发病死亡间隔	ICD编码
Ⅰ.（a）梗阻性黄疸	10月	K83.1
（b）先天性胆管闭锁	10月	Q44.2
根本死因：先天性胆管闭锁		Q44.2

编写分析

本例根据总原则，选择先天性胆管闭锁（第Ⅰ部分最低一行情况）为根本死因。

19 病史摘要

患者（男或女），10年前在医院行B超检查，诊断为先天性多囊肾，2年前行肾功能检查提示慢性肾功能不全，在医院进行治疗，10天前在医院诊断为尿毒症，死亡。

死因链

疾病名称	发病死亡间隔	ICD编码
Ⅰ.（a）尿毒症	10天	N19
（b）慢性肾功能不全	2年	N18.9
（c）先天性多囊肾	10年	Q61.3
根本死因：先天性多囊肾		Q61.3

编写分析

本例根据总原则,选择先天性多囊肾(第Ⅰ部分最低一行情况)为根本死因。需注意,肾功能不全、尿毒症一般不作为根本死因,需追溯引起肾衰竭、尿毒症的最早原因。

病史摘要

患者(男或女),10个月前突发骨折,在医院行CT与病理检查,诊断为先天性成骨不全、病理性骨折,5天前出现感染性中毒性休克,在医院抢救无效死亡。

死因链

疾病名称	发病死亡间隔	ICD编码
Ⅰ.(a)感染性休克	5天	A41.9
(b)病理性骨折	10月	M84.4
(c)先天性成骨不全(骨脆症)	10月	Q78.0
根本死因:先天性成骨不全		Q78.0

编写分析

本例根据总原则,选择先天性成骨不全(第Ⅰ部分最低一行情况)为根本死因。

第二节 常用死因编码

妊娠、分娩和产褥期	O00—O99
流产	O06.—
未特指的孕产妇高血压	O16
产后出血	O72.—
起源于围生期的某些情况	P00—P96
胎儿和新生儿受母体因素及妊娠、产程和分娩并发症的影响	P00—P04
胎儿和新生儿受母体妊娠并发症的影响	P01.—
胎膜早破	P01.1
羊水过少	P01.2
羊水过多	P01.3

异位妊娠	P01.4
产程前先露异常	P01.7
胎儿和新生儿受胎盘、脐带和胎膜的并发症影响	P02.—
前置胎盘	P02.0
胎盘剥离和出血	P02.1
胎盘形态和功能异常	P02.2
脐带压迫	P02.5
与妊娠期长短和胎儿生长有关的疾患	P05—P08
胎儿生长缓慢和胎儿营养不良	P05.—
体重轻于胎龄(低体重儿)	P05.0
体重小于胎龄(小样儿,小样低体重儿)	P05.1
胎儿营养不良,未提及轻于或小于胎龄	P05.2
胎儿生长缓慢	P05.9
与孕期短和低出生体重有关的疾患,不可归类在他处者	P07.—
极低出生体重(999克以下)	P07.0
其他低出生体重(1000～2499克)	P07.1
极度不成熟(小于28周)	P07.2
产伤	P10—P15
由于产伤引起的颅内撕裂和出血	P10.—
硬膜下出血	P10.0
大脑出血	P10.1
脑室出血	P10.2
蛛网膜下腔出血	P10.3
脑幕撕裂	P10.4
其他颅内撕裂和出血	P10.8
未指的颅内撕裂和出血	P10.9
中枢神经系统的其他产伤	P11.—
大脑水肿	P11.0
其他脑损害	P11.1
脑损害,未指明何种	P11.2
脊柱和脊髓的产伤	P11.5

中枢神经系统的产伤，未指明何种	P11.9
骨骼产伤	P13.—
颅骨骨折	P13.0
其他产伤	P15.—
产伤，未指明何种	P15.9
特发于围生期的呼吸和心血管疾患	P20—P29
出生窒息	P21.—
严重	P21.0
轻中度	P21.1
出生窒息，未指明程度	P21.9
新生儿呼吸窘迫	P22.—
呼吸窘迫综合征（透明膜病）	P22.0
未指明性质的呼吸窘迫	P22.9
先天性肺炎、新生儿肺炎	P23—P24
未特指的先天性肺炎	P23.9
未特指的新生儿吸入性肺炎	P24.9
新生儿败血症	P36.—
未指明何种细菌	P36.9
胎儿和新生儿溶血性疾病	P55.—
RH同种免疫	P55.0
ABO同种免疫	P55.1
其他溶血性疾病	P55.8
新生儿溶血性疾病，未指明性质	P55.9
新生儿黄疸	P57—P59
核黄疸	P57.—
同种免疫引起的核黄疸	P57.0
其他特指的核黄疸	P57.8
核黄疸，未指明原因	P57.9
其他过度溶血引起的新生儿黄疸	P58.—
其他和未特指原因所致的新生儿黄疸	P59.—

与早产有关的	P59.0
胆汁浓缩综合征	P59.1
其他和未特指的肝细胞损害所致	P59.2
母乳抑制剂所致	P59.3
其他特指原因	P59.8
未特指原因	P59.9
新生儿硬肿症	P83.0
新生儿病,未特指	P96.9
先天畸形,变形和染色体异常	**Q00—Q99**
未特指的先天性脑积水	Q03.9
先天性脑部畸形	Q04.9
先天性心脏畸形	Q20—Q24
心腔和心连接的先天性畸形	Q20.9
心间隔先天性畸形	Q21.9
肺动脉瓣和三尖瓣先天性畸形	Q22.—
肺动脉瓣畸形	Q22.3
三尖瓣畸形	Q22.9
主动脉瓣和二尖瓣先天性畸形	Q23.9
心脏的其他先天性畸形	Q24.—
先天性心脏病,未指明性质	Q24.9
先天性畸形,未指明何种	Q89.9
先天愚型(唐氏综合征)	Q90.9

附　录

附录一　《死亡医学证明(推断)书》样式及填写说明

一、《死亡证》样式

居民死亡医学证明(推断)书

_____省(自治区、直辖市)_____市(地区、州、盟)_____县(区、旗)

编号：□□□□□□□□□□□□□□□□　　印制编号　3206　00001

死者姓名		性别	1男,2女,3未知,9未说明	年龄		民族	
国家或地区		有效身份证件类别		1身份证,2户口簿,3护照,4军官证,5驾驶证,6港澳通行证,7台湾通行证,9其他法定有效证件			
证件号码				婚姻状况		1未婚,2已婚,3丧偶,4离婚,未说明	
文化程度	1研究生,2大学,3大专,4中专,5技校,6高中,7初中及以下			出生日期	年　月　日		
				死亡日期	年　月　日　时　分		
个人身份	11公务员,13专业技术人员,17职员,21企业管理者,24工人,27农民,31学生,37现役军人,51自由职业者,54个体经营者,70无业人员,80离退休人员,90其他						
死亡地点	1医疗卫生机构,2来院途中,3家中,4养老服务机构,9其他场所,0不详			死亡时是否处于妊娠期或妊娠终止后42天内		1是,2否	
生前工作单位			户籍地址			常住地址	
可联系的家属姓名			联系电话			家属住址或工作单位	
致死的主要疾病诊断			疾病名称(勿填症状体征)			发病至死亡大概间隔时间	
Ⅰ.(a)直接死亡原因							
(b)引起(a)的疾病或情况							
(c)引起(b)的疾病或情况							
(d)引起(c)的疾病或情况							
Ⅱ.其他疾病诊断(促进死亡,但与导致死亡无关的其他主要情况)							
生前主要疾病最高诊断单位	1三级医院,2二级医院,3乡镇卫生院/社区卫生服务机构,4村卫生室,9其他医疗卫生机构,0未就诊						
生前主要疾病最高诊断依据	1尸检,2病理,3手术,4临床+理化,5临床,6死后推断,9不详						
医师签名			医疗卫生机构盖章			填表日期　年　月　日	
(以下由编码人员填写)根本死亡原因：						ICD编码：	

死因链编写实例应用

死亡调查记录

死者生前病史及症状体征:	
以上情况属实,被调查者签字:	
被调查者姓名	与死者关系
联系电话	
联系地址或工作单位	
死因推断	
调查者签名	
调查日期:	年 月 日

居民死亡医学证明(推断)书
编号:□□□□□□□□□□□□□
印制编号 3206 00001

死者姓名			
性别		民族	
国家或地区		年龄	
身份证件类别			
证明号码			
常住地址			
出生日期	年	月	日
死亡日期	年	月	日
死亡地点			
死亡原因			
家属姓名			
联系电话			
家属住址或单位			
医师签名			
民警签名			
医疗卫生机构盖章			
	年	月	日
派出所意见(盖章)			
	年	月	日

第二联 公安机关保存

居民死亡医学证明(推断)书
编号:□□□□□□□□□□□□□
印制编号 3206 00001

死者姓名			
性别		民族	
国家或地区		年龄	
身份证件类别			
证明号码			
常住地址			
出生日期	年	月	日
死亡日期	年	月	日
死亡地点			
死亡原因			
家属姓名			
联系电话			
家属住址或单位			
医师签名			
民警签名			
医疗卫生机构盖章			
	年	月	日
派出所意见(盖章)			
	年	月	日

第三联 公安机关保存

居民死亡医学证明(推断)书
编号:□□□□□□□□□□□□□
印制编号 3206 00001

死者姓名			
性别		民族	
国家或地区		年龄	
身份证件类别			
证明号码			
常住地址			
出生日期	年	月	日
死亡日期	年	月	日
死亡地点			
死亡原因			
家属姓名			
联系电话			
家属住址或单位			
医师签名			
民警签名			
医疗卫生机构盖章			
	年	月	日
派出所意见(盖章)			
	年	月	日

第四联 公安机关保存

二、《死亡证》填写说明

《居民死亡医学证明(推断)书》(以下简称《死亡证》)是医疗卫生机构出具的、说明居民死亡及其原因的医学证明,是人口管理与生命统计的基本信息来源。因此,要求填写者及相关人员以严肃、认真、科学的态度对待此项工作。

(一) 填写范围

中国大陆境内正常死亡的中国公民、台港澳居民和外国人,包括未登记户籍的死亡新生儿以及境外死亡需获得国内死亡医学证明的中国公民。

(二) 填写人

1. 医疗卫生机构、来院途中死亡者:由负责救治的执业医师填写/录入。

2. 在家、养老服务机构、其他场所正常死亡者,由家属持死者的有效身份证件(身份证/户口簿/护照/港澳台通行证)(流动人口需同时提供居住证),到死者户籍或现住地所在的居委会/村委会开具死亡事实证明(死亡事实证明包含死者姓名、性别、年龄、死亡时间、死亡原因等信息),然后家属携带本人身份证件、死者身份证件、死者死亡事实证明到户籍或现住地所在的乡镇(街道)卫生院/社区卫生服务中心开具《死亡证》。负责医师审核确认后,根据死亡申报材料、调查询问结果并进行死因推断之后,详细填写/录入《死亡证》中调查记录等项目,打印后调查记录须由死者家属签名。

3. 对非正常死亡或不能确定是否属于正常死亡者,需经公安司法部门判定死亡性质并出具死亡认定书,卫生部门根据公安的死亡认定书填写《死亡证》。非正常死亡是指由外部作用导致的死亡,包括火灾、溺水等自然灾难致死,或工伤、医疗事故、交通事故、自杀、他杀等人为致死(含无名尸)。

(三)《死亡证》的填写基本要求

1. 按照全国统一的《死亡证》基本格式及填写要求,逐项认真填写/录入,不能漏项或错项。

2. 采用纸质版《死亡证》报告的,应用黑色或蓝黑色钢笔书写,字迹清楚,不得使用圆珠笔、红笔或铅笔书写;采用无纸化报告的,登录《江苏省人口死亡信息登记管理系统》在线录入或单机版电子打印模板录入。

3. 死亡原因应用医学专业疾病名称,并用中文书写,不得使用英文或英文缩写。

4. 《死亡证》内容不得涂改,填写完毕或打印后必须有医生签名及加盖医院公章。

5. 《死亡证》死因栏如填写死因不明,必须当时填写调查记录,内容包括死者既往疾病名称、发病时间、诊断单位、诊断依据以及相关慢性病史的一系列情况。

6. 对死亡原因有怀疑(他杀、自杀)的,可以向公安反映,由公安部门协助确定死因。凡填报意外损伤、中毒死亡,《死亡证》上应进一步报告意外事故的外部原因。

(四) 基础项目的填写要求

1. 卡片编号:填写17位代码,可由信息系统自动赋值(使用单机版电子模板打印的,防伪纸印刷流水号与卡片编号可不一致)。编号规则为:《死亡证》出具单位的组织机构代码(9位)＋年份(4位)＋流水码(4位)。《死亡证》二、三、四联"编号"一栏内容可不填,第一联由网报专业人员网报后根据网络生成的编号补写"编号"一栏。

2. 死者姓名:指现时用的姓名;如为婴儿,可同时填写婴儿母亲的姓名以备调查。死者姓名填写应清晰,且需与户口簿或身份证相符。

3. 根据实际情况选择性别,注意与身份证号相符。15位身份证号码倒数第一位是奇数的为男性,是偶数的为女性;18位身份证号码倒数第二位是奇数的为男性,是偶数的为女性。

4. 请根据实际情况填写死者的民族,外籍非华人可不填写。

5. 有效身份证件类别及号码:证件类别及号码不得空缺。中国公民要求填写15位或18位身份证号码,应与出生日期一致。未登记户籍的死亡婴儿和无名尸的"有效身份证件类别""证件号码"均填"无"。

6. 年龄:按照周岁填写。当年未过生日者,年龄＝死亡年份－出生年份－1;已过生日者,年龄＝死亡年份－出生年份。未满1周岁的婴儿,填写实足月龄;28天内的新生儿,填写存活天数;未满1天的新生儿,填写存活小时。

7. 婚姻状况:应参照实际情况选择,丧偶的病例,仅选丧偶即可。新生儿及18岁以下未成年人群死亡婚姻状况应选择未婚。

8. 文化程度:按死者的最高学历填写。应参照实际情况选择,学龄前儿童死亡应选择初中及以下;生前文化程度为文盲或半文盲者,也应选择初中及以下。

9. 出生、死亡日期:填写死者的出生或死亡的年、月、日,婴儿死亡填写到时、分。出生日期注意与身份证号相符。

10. 个人身份:按照死亡前的个人身份填写,离退休后死者的个人身份一律填"离退休人员"。

11. 死亡地点:"医疗卫生机构"指死于各级各类医疗卫生机构住院部及急诊室;"不详"指未能确定死亡地点(仅限非正常死亡者)。

12. 生前工作单位:指就业所在或死前最后所在的单位,应填写死者职业对应的那个单位。

13. 常住、户籍地址:常住地址填写死者居住半年以上的地址,详细到门牌号码;户籍地址填写户口簿上登记的地址,详细到门牌号码。

14. 家属姓名应尽量填写死者直系亲属的全名,并填写该亲属的联系电话、家庭地址或工作单位。家属指最了解死者生前疾病或其他情况的直系亲属或亲友。

(五) 特殊项目的填写要求

1. 死亡原因:填写导致死亡的疾病、损伤或并发症。

(1) 死亡原因的基本内容由三部分组成

① 死亡原因的部分Ⅰ:要求填写直接导致死亡的疾病或情况,这是每例死亡必须填写的内容。

A. 第Ⅰ部分不需要报告临死的方式,如呼吸衰竭、循环衰竭、全身衰竭、多脏器衰竭综合征等。填写在(a)行的是直接造成死亡的严重疾病、损伤或并发症等。

B. 从(b)行起应填写可能引起(a)行或上一行情况的更早的原因,直至填写到最早的原因为止,从而形成一个合理的顺序,即(c)行引起(b)行、(b)行引起(a)行。

② 死亡原因的部分Ⅱ:第Ⅱ部分是对第Ⅰ部分内容的补充,用于填写与致死疾病无关但对死亡有影响的情况,应根据具体情况填写。第Ⅱ部分有明确诊断的慢性疾病都须报告,如精神病、糖尿病、高血压、肿瘤、心脑血管病等。

A. 第Ⅱ部分报告的情况与第Ⅰ部分报告的情况没有必然的联系,但由于这些情况的存在而促进了死亡。

B. 第Ⅱ部分内容如果没有,可以不填。

C. 按照严重程度依次填写。

③ 发病至死亡之间大概的时间间隔:指第Ⅰ部分报告的疾病从发病到死亡之间的间隔时间。

④ 第一联"致死的主要疾病诊断"第Ⅰ部分中"(a)直接死亡原因"填写最后造成死亡的疾病诊断或损伤。第二、三、四联"死亡原因"填写第一联"(a)直接死亡原因",如果(a)行填写的为症状、体征、衰竭,则"死亡原因"填写(a)行之后的主要致死原因。

(2) 死亡原因的填写要求

① 一般填写要求

A. 第Ⅰ部分按顺序填写导致这次死亡事件的主要疾病。

B. 第Ⅱ部分按程度填写促进死亡的其他疾病。

C. 时间间隔应尽量填写。

D. 每行只能填写一种死因。

E. 临死前的表现不需要填写。

F. 不明确情况及症状体征一般不需填写。

G. 优先填写更严重、更特异的疾病诊断。

H. 损伤中毒需报告临床表现和外部原因。

② 死亡原因的填写举例

A. 有明确的死因链应按顺序报告。应尽量避免以下填写内容：呼吸衰竭、来院已死、循环衰竭、猝死、呼吸循环衰竭、酸碱失衡、多脏器衰竭、电解质紊乱、全身衰竭、肺性脑病、死因不明、肺部感染等。

B. 没有明确死因链按严重程度报告。

C. 应尽可能报告特异性的诊断。

D. 对肿瘤致死者应明确报告肿瘤的原发部位及形态学情况。

E. 对后遗症情况致死者应明确报告时间间隔。

F. 对先天异常致死者，应优先报告严重的先天异常。

G. 对围生儿死亡，应优先报告围生儿本身严重的疾病。

H. 对损伤/中毒致死者，应同时报告损伤/中毒的临床表现及外部原因。为避免司法纠纷，可以写明提供外部原因者的情况。

2. 生前主要疾病的最高诊断单位：最高诊断单位一般为死前主要疾病的最后诊断单位，而不一定是患者死亡的医院。三级医院（含相当）包括三级妇幼保健院及专科疾病防治院，二级医院（含相当）包括二级妇幼保健院及专科疾病防治院，其他医疗卫生机构包括急救中心、一级医院、门诊部、诊所（医务室）、疗养院等。

3. 生前主要疾病的最高诊断依据：按实际确诊的各项依据划记；如实行诊断分级，取最高级别的诊断依据，B超、X线、心电图等特殊检查均放到"临床＋理化"一栏；"死后推断"仅限死亡地点为"来院途中""家中""养老服务机构""其他场所"填写。

4. 医师签名：应填写死者主治医生或开具《死亡证》的责任医生的姓名全称。且该名医生必须具备执业医师资格。

5. 单位盖章：目前无特殊要求，各医疗机构可根据实际情况加盖本院公章。

6. 填报日期：请根据实际情况填写。

（六）调查记录的填写要求

对于未经救治或死因不明确的死亡病例在开具《死亡证》时，一律要求填写调查记录。

1. 调查人员在调查表的背面调查记录栏简明扼要地填写被调查者所提供的死者生前与导致死亡有关的疾病（或损伤/中毒的临床表现及外部原因）的发生发展情况，以便正确填写死亡原因并提供给编码人员核实及最终确定根本死亡原因。

（1）死者生前病史及症状体征：用精简的医学术语写出病历摘要，也可将死者家属提供的有关情况如实记录下来，内容应包括以下几方面。

① 本次发病的症状体征,包括起病急缓、病程长短、病情轻重、原发病的并发和继发、实验室检查结果、疾病的演变和治疗经过、有否属后遗症即晚期效应(指发病后一年及一年以上的残留病症)。

② 发病时间、诊断单位、诊断依据、救治情况等。

③ 如没有明确疾病诊断,应报告存在的主要症状体征或临床表现。

④ 了解并报告死者既往疾病史及相关情况,包括死者生前患过的疾病和可能影响健康的各种因素,如生长发育史、家族史、遗传史、职业史、接触史等,以及死者生前的起居饮食、生活习俗、烟酒嗜好等。

(2) 被调查者姓名:调查记录必须要有家属(委托人)签名,接受死因调查的对象在此签名。

(3) 与死者的关系:指被调查者与死者的关系,如直系旁系亲属或邻里同事等关系。

(4) 联系号码:被调查者的联系电话号码。

(5) 联系地址或工作单位:被调查者的具体地址和所在工作单位电话号码。

(6) 死因推断:应为明确的疾病诊断名称,不应填写为症状、体征或来院已死等情况。

(7) 调查者签名:由填写调查记录并承担法律责任的医师签名。

(8) 调查日期:对死亡病例的调查时间。

2. 调查记录的填写举例

例1:××早年患高血压,10年前诊断为冠心病,2天前在房中突然跌倒,送市中心医院诊断为冠状动脉栓塞,经抢救无效死亡。

【注】本例报告的情况基本可以形成一个合理的死因链,其中"2天前在房中突然跌倒"应考虑是在疾病发作后引起的,不作为"意外跌倒"处理。

例2:××2年前患卵巢恶性肿瘤后行切除术,半年前开始发热、胸痛,查出肺继发性癌,因肺炎导致呼吸、循环衰竭死亡。

【注】本例报告存在一个合理的死因链,其中"肺继发性癌"应考虑是卵巢恶性肿瘤促进的死亡原因,填写在直接死因链上,而呼吸、循环衰竭则不需作直接死因填写。

例3:××患慢性十二指肠溃疡4年,1周前因溃疡引起穿孔而手术,术后继发腹膜炎,3天后死亡。本人还患有冠心病。

【注】本例报告存在一个合理的死因链,其中"冠心病"应考虑是促进死亡的原因填在第Ⅱ部分。另外,除非手术引起医疗事故,否则在证明书中不要把手术作为死亡原因,应直接填写具体的疾病名称。

例4:××30年前患高血压,6年前因脑血栓引起半身残余性偏瘫,1个月前因长期卧床引起褥疮感染逐渐衰弱而死亡。

死因链编写实例应用

【注】本例报告存在一个合理的死因链,需要说明的是一定要填写"脑血栓引起半身残余性偏瘫"的持续时间6年,以表明本例死亡的影响主要是"脑血栓的后遗症"。

例5:××患风湿性心脏病5年,3天前在二楼擦玻璃窗时不慎坠落,颅骨骨折后死亡。

【注】本例患者虽有"风湿性心脏病",但不能确定"在二楼擦玻璃窗时不慎坠落"就是疾病发作的后果,所以仍考虑属于"意外死亡",不需要把"风湿性心脏病"填写在第Ⅱ部分。

附录二 死因编码常见错误

一、死因常见错误

1. 写成疾病简称:如慢支、上感、肺脑、甲亢、呼衰、肾衰、心衰、乙肝、酒肝、再障、急粒、急淋、风心。

规范书写应为:慢性支气管炎、上呼吸道感染、肺性脑病、甲状腺功能亢进、呼吸衰竭、肾衰竭、心力衰竭、乙型肝炎、酒精性肝病、再生障碍性贫血、急性粒细胞白血病、急性淋巴细胞白血病、风湿性心脏病。

2. 使用英文名称或缩写:如"AIDS""肺 Ca""VSD"等,由于英文缩写有时可关联到多个病因,无法确定死亡原因。

规范书写应为:艾滋病、肺癌、室间隔缺损。

3. 写成疾病的俗称:如儿麻后遗症、银屑病。

规范书写应为:脊髓灰质炎后遗症、牛皮癣。

4. 写成废止的诊断:如美尼尔氏综合征。

规范书写应为:迷路水肿或梅尼埃氏病。

5. 传染病未核实具体病种、肿瘤未明确良恶性及原发部位、心脏病未特指、先天异常未特指、孕产妇死亡未特指。

规范书写应为:按照死因编码规则,明确传染病具体病种、肿瘤性质及部位、心脏病具体类型、先天异常具体情况、孕产妇死亡原因。

6. 不明原因死亡未提供调查记录或进行死因推断:死因部分仅填写"猝死"等不明死因,而调查记录栏未填写生前病史或没有作出死因推断。不明死因编码见下表。

表 不明死亡原因的编码

疾病名称	ICD-10 编码
未特指的心脏停搏	I46.9
未特指的低血压	I95.9
循环系统其他和未特指的疾患	I99
急性呼吸衰竭	J96.0
未特指的呼吸衰竭	J96.9
新生儿呼吸衰竭	P28.5
症状、体征(R 编码)	R00—R94 及 R96—R99

二、死因链常见错误

1. 无顺序或顺序混乱：各行死因(d行→a行)不存在医学合理顺序。

错误示例：

Ⅰ．(a) 乙型肝炎、肝硬变、胃出血
　　(b) 高血压、冠心病
　　(c) 呼吸衰竭、休克

Ⅱ．

规范书写应为：

Ⅰ．(a) 休克
　　(b) 胃出血
　　(c) 肝硬变
　　(d) 乙型肝炎

Ⅱ．高血压、冠心病

2. 书写不规范：一行填写多个死因。

错误示例：

Ⅰ．(a) 呼吸心搏骤停、脑梗死、肺部感染、骨髓异常增生综合征
　　(b)

Ⅱ．

尊重诊疗(调查)医生的判断可以订正为多种情况

订正1：

Ⅰ．(a) 肺部感染
　　(b) 脑梗死

Ⅱ．骨髓异常增生综合征

订正2：

Ⅰ．(a) 肺部感染
　　(b) 骨髓异常增生综合征

Ⅱ．脑梗死

3. 直接死因填写的是全身性疾病：如高血压、风湿热、动脉硬化、糖尿病等，未报告与之相联系的脑出血、脑梗死、昏迷、瘫痪等具有特异性的疾病情况。

错误示例：

Ⅰ．(a) 糖尿病
　　(b)

Ⅱ．

病历显示出院诊断：尿毒症、糖尿病、高血压、冠心病。

规范书写应为：追根导致上述疾病的先发疾病/情况，写在下面一行，形成完整

死因链。

订正后为：

Ⅰ．(a) 尿毒症

　　(b) 糖尿病

Ⅱ．高血压、冠心病

4. 直接死因仅填写临死前的症状、表现、某一综合征或非特异性表现：如呼吸衰竭、心力衰竭、肝昏迷、休克、内出血、尿毒症、败血症、酸中毒、早产、窒息等，未进一步追根填写死亡原因。

错误示例：

Ⅰ．(a) 呼吸衰竭　　　　　2 天

　　(b)

Ⅱ．

病历显示入院诊断：慢支、肺气肿、高血压、糖尿病、心律失常等。

规范书写应为：追根导致上述症状的先发疾病/情况，代替上述症状或写在下一行，尊重诊疗（调查）医生的判断可以订正为多种情况。

订正 1：

Ⅰ．(a) 慢性支气管炎

　　(b) 肺气肿

Ⅱ．高血压、糖尿病、心律失常

订正 2：

Ⅰ．(a) 心律失常

　　(b) 高血压

Ⅱ．慢性支气管炎、肺气肿、糖尿病

订正 3：

Ⅰ．(a) 心律失常

　　(b) 糖尿病

Ⅱ．慢性支气管炎、肺气肿、高血压

5. 损伤和中毒未填写外部原因：死因部分仅填写颅脑损伤、中毒、窒息、车祸等。

错误示例：

Ⅰ．(a) 失血性休克

　　(b) 多发性骨折

Ⅱ．

核实调查结果：行人在过马路时闯红灯，被一辆小轿车撞飞致死。

规范书写应为：

Ⅰ.(a)失血性休克
　(b)多发性骨折
　(c)行人与小汽车相撞

三、根本死因判断常见错误

1. 使用"不可作为根本死因的编码"作根本死因。"不可作为根本死因的编码"见下表。

疾病名称	ICD-10编码
酸碱失衡	E87.4
电解质紊乱	E87.8
肺性脑病	G93.1
心脏衰竭	I50.0
呼吸衰竭	J96.9
肺部感染	J98.4
全身衰竭	R53
循环衰竭	R57.9
猝死	R96.0
多脏器衰竭、死因不明、来院已死	R99
损伤中毒的临床表现	S00.-T98.

2. 使用"不能引起死亡的情况的编码"作根本死因,"不能引起死亡的情况的编码"见下表。

疾病名称	ICD-10编码
皮肤分枝杆菌感染	A31.1
其他形式的放线菌病	A42.8
生殖器和泌尿生殖道的疱疹病毒感染	A60.0
沙眼	A71.-
衣原体结膜炎	A74.0
疱疹病毒性龈口炎	B00.2
疱疹病毒性眼病	B00.5
疱疹病毒性瘭疽	B00.8
病毒性疣	B07

传染性软疣	B08.1
口蹄疫	B08.8
病毒性结膜炎	B30.—
皮肤癣菌病	B35.—
其他浅部真菌病	B36.—
虱病和阴虱病	B85.—
躯体病样精神障碍	F45.3—F45.9
进食障碍,除外神经性厌食(F50.0)和贪食(F50.2)	F50.—
非器质性睡眠障碍	F51.—
非器质性障碍或疾病引起的性功能障碍	F52.—
特异性人格障碍	F60.—
混合型和其他人格障碍	F61
持久性人格改变,非由脑损害和疾病所致	F62.—
习惯和冲动障碍	F63.—
性身份障碍	F64.—
性偏好障碍	F65.—
与性发育和性取向有关的心理和行为障碍	F66.—
成人人格和行为的其他障碍	F68.—
未特指的成人人格和行为障碍	F69
抽动障碍	F95.—
通常在童年和青少年期的其他行为和情绪障碍	F98.—
偏头痛,除外并发的偏头痛(G43.3)	G43.—
其他头痛综合征	G44.0—G44.2
短暂性大脑缺血性发作和相关的综合征	G45.—
三叉神经疾患	G50.—
面神经疾患	G51.—
神经根和神经丛疾患	G54.—
上肢单神经病	G56.—
下肢单神经病	G57.—
多发性单神经炎	G58.7

死因链编写实例应用

睑腺炎和睑板腺囊肿	H00.—
眼睑的其他炎症	H01.—
眼睑的其他疾患	H02.—
泪器系疾患	H04.—
结膜炎	H10.—
结膜的其他疾患	H11.—
巩膜疾患	H15.—
角膜炎	H16.—
角膜瘢痕和混浊	H17.—
角膜的其他疾患	H18.—
虹膜睫状体炎	H20.—
虹膜和睫状体的其他疾患	H21.—
老年性白内障	H25.—
其他白内障	H26.—
晶状体的其他疾患	H27.—
脉络膜视网膜炎	H30.—
脉络膜的其他疾患	H31.—
视网膜脱离和断裂	H33.—
视网膜血管阻塞	H34.—
其他视网膜疾患	H35.—
青光眼	H40.—
玻璃体疾患	H43.—
视神经炎	H46
视（第二）神经和视路的其他疾患	H47.—
麻痹性斜视	H49.—
其他斜视	H50.—
双眼运动的其他疾患	H51.—
屈光和调节疾患	H52.—
视觉障碍	H53.—
视力缺损	H54.—

眼震和其他不规则眼运动	H55
眼和附器的其他疾患	H57.—
外耳炎	H60.—
外耳的其他疾患	H61.—
耳硬化	H80.—
内耳的其他疾病	H83.3—
传导性和感音神经性听觉丧失	H90.—
其他听觉丧失	H91.—
耳痛和耳的渗出	H92.—
耳的其他疾患,不可归类在他处者	H93.—
急性鼻咽炎(感冒)	J00
多发性和未特指部位的急性上呼吸道感染	J06.—
血管舒缩性和变应性鼻炎	J30.—
鼻息肉	J33.—
鼻中隔偏曲	J34.2
扁桃体和腺样体慢性疾病	J35.—
牙发育和出牙疾患	K00.—
埋伏牙和阻生牙	K01.—
龋(牙)	K02.—
牙齿硬组织的其他疾病	K03.—
牙髓和根尖周组织疾病	K04.—
龈炎和牙周疾病	K05.—
牙龈和无牙牙槽嵴的其他疾患	K06.—
牙面畸形(包括错牙合)	K07.—
牙齿及支持结构的其他疾患	K08.—
口腔囊肿,不可归类在他处者	K09.—
颌的其他疾病	K10.—
涎腺疾病	K11.—
舌疾病	K14.—
脓疱病(对超过1岁的人群)	L01.—

指和趾的蜂窝织炎	L03.
急性淋巴结炎	L04.—
藏毛囊肿	L05.—
皮肤和皮下组织其他局部感染	L08.—
特应性皮炎	L20.—
脂溢性皮炎	L21.—
尿布皮炎	L22
变应性接触性皮炎	L23.—
刺激性接触性皮炎	L24.—
未特指的接触性皮炎	L25.—
慢性单纯性苔藓和痒疹	L28.—
瘙痒（症）	L29.—
其他皮炎	L30.—
副银屑病	L41.—
玫瑰糠疹	L42
扁平苔藓	L43.—
其他丘疹鳞屑性疾患	L44.—
晒伤,除外Ⅲ度晒伤(L55.2)	L55.—
紫外线辐射引起的其他急性皮肤改变	L56.—
慢性暴露于非电离辐射下引起的皮肤改变	L57.—
放射性皮炎	L58.—
与辐射有关的皮肤和皮下组织其他疾患	L59.—
甲疾患	L60.—
斑秃	L63.—
雄激素性脱发	L64.—
其他非瘢痕性毛发缺失	L65.—
瘢痕性脱发（瘢痕性毛发缺失）	L66.—
毛色和毛干异常	L67.—
多毛症	L68.—
痤疮	L70.—

皮肤和皮下组织毛囊囊肿	L72.—
其他毛囊疾患	L73.—
外分泌汗腺疾患	L74.—
顶(浆分)泌汗腺疾患	L75.—
白癜风	L80
色素沉着的其他疾患	L81.—
黑棘皮病	L83
鸡眼和胼胝	L84
其他表皮肥厚	L85.—
经表皮排除疾患	L87.—
皮肤萎缩性疾患	L90.—
皮肤肥厚性疾患	L91.—
皮肤和皮下组织肉芽肿性疾患	L92.—
其他局限性结缔组织疾患	L94.—
皮肤和皮下组织的其他疾患,不可归类在他处者,除外 L98.4	L98.—
手指和脚趾的后天性变形	M20.—
四肢其他后天性变形	M21.—
髌骨疾患	M22.—
膝关节内紊乱	M23.—
其他特指的关节紊乱	M24.—
其他关节疾患,不可归类在他处者	M25.—
风湿性多肌痛	M35.3
脊柱后凸和脊柱前凸	M40.—
斜颈,未特指	M43.6
其他变形性背部病	M43.8—M43.9
椎管狭窄	M48.0
其他背部病,不可归类在他处者	M53.—
背痛	M54.—
肌炎	M60.—
滑膜炎和腱鞘炎	M65.—

滑膜和肌腱的自发性破裂	M66.—
滑膜和肌腱的其他疾患	M67.—
与使用、过度使用和压迫有关的软组织疾患	M70.—
其他黏液囊病	M71.—
肩损害	M75.—
下肢肌腱端病(不包括足)	M76.—
其他肌腱端病	M77.—
其他软组织疾患,不可归类在他处者	M79.—
肌肉骨骼系统和结缔组织的其他疾患	M95.—
生物力学损害,不可归类在他处者	M99.—
压力性尿失禁	N39.3
男性不育症	N46
包皮过长、包茎和嵌顿包茎	N47
良性乳腺发育不良	N60.—
女性生殖道息肉	N84.—
子宫其他非炎性疾患,除外宫颈	N85.—
宫颈糜烂和外翻	N86
宫颈发育不良	N87.—
宫颈其他非炎性疾患	N88.—
阴道的其他非炎性疾患	N89.—
外阴和会阴的其他非炎性疾患	N90.—
无月经、月经过少和月经稀少	N91.—
月经过多、频繁而且不规则	N92.—
其他异常的子宫和阴道出血	N93.—
与女性生殖器官和月经周期有关的疼痛和其他情况	N94.—
习惯性流产	N96
女性不育症	N97.—
眼睑、泪器和眼眶先天性畸形	Q10.—
无眼、小眼和巨眼	Q11.—
先天性晶状体畸形	Q12.—

眼前段先天性畸形	Q13.—
眼后段先天性畸形	Q14.—
眼的其他先天性畸形	Q15.—
引起听力缺陷的耳先天性畸形	Q16.—
耳的其他先天性畸形	Q17.—
面和颈部的其他先天性畸形	Q18.—
舌系带过短	Q38.1
髋先天性变形	Q65.—
足先天性变形	Q66.—
头、面、脊柱和胸的先天性肌肉骨骼变形	Q67.—
肌肉骨骼的其他先天性变形	Q68.—
多指(趾)畸形	Q69.—
并指(趾)畸形	Q70.—
上肢短小缺陷	Q71.—
下肢短小缺陷	Q72.—
未特指四肢的短缺缺陷	Q73.—
四肢的其他先天性畸形	Q74.—
先天性鱼鳞病,除外斑色胎儿(Q80.4)	Q80.—
大疱性表皮松解症,除外致死性(Q81.1)	Q81.—
皮肤的其他先天性畸形	Q82.—
乳房先天性畸形	Q83.—
体表的其他先天性畸形	Q84.—
头部浅表损伤	S00.—
眼和眶(任何部位)的(任何类型)浅表损伤	S05.0、S05.1、S05.8
颈部浅表损伤	S10.—
胸部浅表损伤	S20.—
腹部、下背和骨盆浅表损伤	S30.—
肩和上臂浅表损伤	S40.—
前臂浅表损伤	S50.—
腕和手浅表损伤	S60.—

死因链编写实例应用

髋和大腿浅表损伤	S70.—
小腿浅表损伤	S80.—
踝和足浅表损伤	S90.—
躯干浅表损伤,水平未特指	T09.0
上肢浅表损伤,水平未特指	T11.0
下肢浅表损伤,水平未特指	T13.0
身体未特指部位的浅表损伤	T14.0
头和颈一度烧伤	T20.1
躯干一度烧伤	T21.1
肩和上肢一度烧伤,除外腕和手	T22.1
腕和手一度烧伤	T23.1
髋和下肢一度烧伤,除外踝和足	T24.1
踝和足一度烧伤	T25.1

3. 错误接受"很不可能发生的顺序"或拒绝"可接受的顺序",而不与临床医师交流。

(1) "很不可能发生的顺序"见下表

序号	内容
1	下列传染病或寄生虫病*不应被接受为"由于"任何其他疾病或情况所引起,除外艾滋病、恶性肿瘤及抑制免疫反应
2	一种恶性肿瘤不应接受为"由于"任何其他疾病所引起,除外艾滋病
3	风湿热或风湿性心脏病不应接受为"由于"任何其他疾病所引起,除外猩红热、链球菌性败血症、咽喉炎、急性扁桃体炎
4	一种先天异常不应接受为"由于"个人的任何其他疾病所引起,除外染色体异常或先天畸形综合征
5	慢性缺血性心脏病、任何描述为动脉粥样硬化性的情况不应接受为"由于"任何肿瘤所引起
6	意外事故(V01—X59)不应接受为"由于"在这一章以外的任何其他原因所引起,除外①V01—X59"由于"癫痫(G40—G41)引起,②跌落(W00—W19)"由于"骨密度疾患(M80—M85)引起,③跌落(W00—W19)"由于"骨密度疾患造成的(病理性)骨折引起,④窒息"由于"一种病情的后果造成的吸入黏液、血液(W80)或呕吐物(W78)所引起,⑤吸入任何种类的食物"由于"影响吞咽功能的疾病所引起
7	自杀不应接受为"由于"任何其他原因所引起

序号	内容
8	脑血管病不应接受为"由于"一种消化系统疾病所引起,除外由于肝病引起的脑出血;部分脑血管疾病(I63.0,I63.2,I63.3,I63.5,I63.6,I63.8,I63.9,I63,I67,I69.4,I69.8)都不应接受为"由于"心内膜炎(I05—I08,I09.1,I33—I38)所引起;除梗死外,I65、I66、I69.3都不应接受为"由于"心内膜炎所引起
9	任何高血压性情况不应接受为"由于"任何肿瘤所引起,除外内分泌肿瘤、肾肿瘤、类癌瘤
10	流行性感冒、血友病不应接受为"由于"任何其他疾病所引起
11	糖尿病不应接受为"由于"任何其他疾病所引起,除外引起胰腺损伤的情况
12	一种陈述的发病日期为"X"的情况不应接受为"由于"陈述的发病日期为"Y"的情况所引起,而"X"早于"Y"

* A00、A05.1、A20—A23、A27、A33—A39、A70、A75—A79、A80、A81.0、A81.1、A82—A8、A91—A92、A95、A96.0—96.2、A98、B03—B06、B16—B17.1、B26、B50—57、B90、B91、B92、B94.0、B94.1、B94.2

(2)"可接受的顺序"见下表

序号	内容
1	除"很不可能发生的顺序"表中未提及的其他传染病或寄生虫病被报告"由于"其他情况所引起
2	下列传染病(A01—03、A15—A19)报告为"由于"艾滋病、恶性肿瘤和损害免疫系统的情况所引起
3	一种恶性肿瘤被报告为"由于"艾滋病所引起
4	糖尿病被报告为"由于"下列情况(血色病、胰腺疾病、营养不良)所引起
5	风湿热或风湿性心脏病被报告为"由于"猩红热、链球菌性败血症、咽喉炎、急性扁桃体炎所引起
6	任何高血压性情况被报告为"由于"任何下列情况(内分泌肿瘤、肾肿瘤、类癌瘤)所引起
7	入脑前动脉闭塞和狭窄,未造成栓塞的大脑动脉闭塞和狭窄,未造成栓塞的脑梗死后遗症,栓塞被报告为"由于"心内膜炎(I05—I08,I09.1,I33—I38)所引起
8	一种先天异常被报告为"由于"一种染色体异常或先天畸形综合征所引起;肺发育不全被报告为"由于"一种先天异常所引起
9	任何意外事故(V01—X59)被报告为"由于"癫痫(G40—G41)所引起;跌落(W00—W19)被报告分为"由于"骨密度疾患(M80—M85)所引起;跌落(W00—W19)被报告为"由于"骨密度疾患造成的(病理性)骨折所引起;窒息被报告为"由于"一种病情的后果造成的吸入黏液、血液(W80)或呕吐物(W78)所引起;吸入任何种类的食物被报告为"由于"一种影响吞咽能力的疾病所引起

死因链编写实例应用

序号	内容
10	在证明书第Ⅰ部分中被报告为"由于"恶性肿瘤、糖尿病或哮喘所引起的急性或终末期循环系统疾病*应被作为可能的顺序加以接受

* I21—22、I24.—、I26.—、I30.—、I33.—、I40.—、I44.—、I45.—、I46.—、I47.—、I48、I49.—、I50.—、I51.8、I60—68

4. 根本死因编码规则使用错误:可见于死因链案例部分。

附录三 《死亡证》使用和保管

一、《死亡证》的用途

《死亡证》是由医生对因病伤死亡者填写的法定证明材料,在我国由卫生、公安、民政、家属共同管理,它具有多重用途:

1. 《死亡证》是居民死亡的人口管理记录,记载死者的各项基本情况及死亡原因,公安部门据此办理户口注销,殡葬部门据此办理尸体焚化。

2. 《死亡证》是死因统计的原始资料,卫生部门据此计算一系列的死亡统计指标,可以进行居民健康状况的专题研究,提出优先解决的公共卫生问题,为制订相应的防控措施提供可靠依据。

3. 《死亡证》可以作为一种法律证据提交公安、司法部门。

4. 《死亡证》目前越来越多地用于保险、遗产等群众性、社会性凭证及死亡公证。

5. 值得注意的是,《死亡证》加盖医疗单位公章后方视为有效。

二、《死亡证》的保存

1. 《死亡证》由卫生系统统一印制,其他部门不得私自印刷。各级医疗卫生机构需妥善保管《死亡证》,做好《死亡证》发放登记工作,如有遗失,由该医疗卫生机构负责及时登报声明作废。

2. 《死亡证》第一联是原始凭证,由出具单位随病案保存或按档案管理永久保存,以备查询。第二联由死者户籍所在地公安部门永久保存。第三联由死者家属保存。第四联由殡葬(民政)部门收集保存。

3. 死者家属遗失《死亡证》,可持有效身份证件向签发单位申请补发一次。补发办法如下:已办理户籍注销及殡葬手续的,仅补发第三联;未办理户籍注销及殡葬手续的,补发第二到第四联。签发单位做好记录。